AF502042

3733

RAPPORT

DU CITOYEN BENABEN,

Commissaire du Département de Maine et Loire, près des Armées destinées à combattre les Rebèles de la Vendée;

Aux Administrateurs du même Département;

ou

RÉCIT EXACT

DES ÉVÉNEMENS LES PLUS REMARQUABLES

Qui se sont passés sur les deux rives de la Loire dans cette guerre désastreuse.

À ANGERS,

DE L'IMPRIMERIE NATIONALE,

Chez Mame, Imprim.r du Département.

AN III.

RAPPORT

DU CITOYEN BENABEN,

Commissaire du Département de Maine et Loire, près des Armées destinées à combattre les Rebelles de la Vendée;

AUX ADMINISTRATEURS DU MÊME DÉPARTEMENT;

ou

RÉCIT EXACT

DES ÉVÉNEMENS LES PLUS REMARQUABLES

Qui se sont passés sur les deux rives de la Loire dans cette guerre désastreuse.

A ANGERS,

DE L'IMPRIMERIE NATIONALE,

Chez Mame, Imprimeur du Département.

AN III.

CONSIDÉRATIONS GÉNÉRALES
SUR
LA GUERRE DE LA VENDÉE.

Il y a quatorze mois environ (1) que les rebelles de la Vendée, ayant formé le dessein de se rendre à Granville, où devoit les attendre le comte de Moyra avec une flotte anglaise, passèrent, au nombre de près de 100 mille hommes, sur la rive droite de la Loire, après avoir repoussé, jusqu'aux portes d'Angers, les troupes qui avoient voulu s'opposer à leur passage.

Les administrateurs du département de Maine et Loire, qui ne croyoient pas le mal à beaucoup près aussi grand qu'il étoit, mais qui avoient néanmoins de fortes raisons de se défier de nos généraux, m'envoyèrent alors, en qualité de commissaire, près des armées destinées à combattre ces rebelles, afin d'y avoir du moins quelqu'un qui fût digne de leur confiance.

(1) Le 19 octobre 1793 (*vieux style.*)

Ces administrateurs, à mon retour, m'ayant paru désirer que je leur fisse un rapport général sur les évènemens dont, pendant ma mission, j'avois été témoin sur les deux rives de la Loire, je promis de les satisfaire.

Ce travail ne devoit pas me coûter beaucoup, car je n'avois à faire qu'un simple relevé des lettres que je leur avois déjà écrites sur le même objet, et qu'ils avoient conservées soigneusement dans leurs archives.

Mais, au moment que je me disposois à leur demander audience, j'appris, par les papiers publics, que le représentant du peuple Phelippeaux, dont j'avois lu les mémoires, avoit péri du dernier supplice, pour avoir osé dire de grandes vérités (1); et que le général Westermann avoit éprouvé le même sort, pour s'être battu avec trop de

(1) Je suis bien éloigné d'être de l'avis de Phelippeaux sur tout ce qu'il a avancé dans ses mémoires; il s'est trompé quelquefois dans les détails, parce que ne pouvant tout voir par lui-même, il a été obligé de s'en rapporter à des relations souvent peu fidelles; mais il a certainement raison, quant au fond.

courage, et avoir voulu sincèrement terminer cette guerre désastreuse (1).

Je me contentai donc alors de déposer mon rapport au secrétariat du département, afin qu'il pût du moins servir de matériaux à ceux qui, dans des tems moins orageux, seroient tentés d'écrire l'histoire de cette fatale guerre.

Il ne suffit pas de dire la vérité ; il faut encore choisir le moment où elle peut être de quelque utilité à la patrie, sans être funeste à celui qui la dit ; et certes, si, dans ces circonstances malheureuses, j'eusse osé faire paroître mon rapport, il est à croire qu'on n'y auroit ajouté aucune confiance, et qu'on m'auroit fait périr peut-être comme un vil calomniateur.

---

(1) Westermann n'avoit d'abord été attaqué, par une certaine faction, que sur sa conduite dans la guerre de la Vendée ; mais lorsque, dans le mémoire qu'il présenta au comité de salut public pour sa justification, il eut démontré que non-seulement il s'étoit toujours battu en brave homme, mais qu'il avoit contribué plus qu'un autre à la destruction de la grande armée des rebelles, ses ennemis changèrent de batterie, et lui firent un crime de ses anciennes liaisons avec le traître Dumouriez.

La faction liberticide, qui consommoit alors la ruine de la France, avoit trop d'intérêt à épaissir autour d'elle les ténèbres, pour qu'il ne fut pas très-dangereux de vouloir les dissiper.

Voilà pourquoi elle poursuivoit avec tant d'acharnement les vrais patriotes, c'est-à-dire, les patriotes de 89; voilà pourquoi elle avoit déclaré une haine implacable à tous les gens de bien, dont l'aspect seul sembloit lui reprocher ses crimes; voilà pourquoi, enfin, elle en vouloit sur-tout aux gens à talent, dont les lumières pouvoient un jour éclairer le peuple sur ses véritables ennemis.

Si les philosophes qui, depuis la convocation des Etats-généraux, ont observé attentivement toutes les phases de la révolution, avoient osé en assigner les véritables causes, il n'en existeroit peut-être pas un seul aujourd'hui.

Pénétré de cette triste vérité, je renonçai à l'espoir de pouvoir dissiper la fatale illusion de mes concitoyens; j'évitai avec soin toute fonction publique, et je m'ensevelis dans une solitude profonde, aimant mieux me nourrir de pain de fèves trempé dans un peu de lait, que de vivre dans l'abondance, en occupant un emploi quelconque dans un gouvernement conspirateur.

J'étois bien éloigné alors de prévoir l'heureuse révolution du 9 thermidor, qui, en rendant aux Français leur antique énergie, a permis enfin à la convention nationale, de reprendre cette attitude fière qu'elle n'auroit jamais dû quitter.

Puisse-t-elle la garder toujours! La faction liberticide qui vouloit rivaliser de pouvoir avec elle, a été sans doute étourdie du coup qui l'a frappée, mais elle n'est pas entiérement abbatue; ses chefs, ses détestables chefs respirent encore; et, tant qu'ils respireront, on ne doit compter ni sur le bonheur, ni sur le repos de la France.

De long-tems la Vendée et les départemens circonvoisins ne jouiront ni de l'un ni de l'autre de ces deux avantages; ces malheureuses contrées, jadis si riches, si fertiles, si peuplées, semblables à ces campagnes dévorées par la lave d'un horrible volcan, ne présentent plus aujourd'hui qu'une immense solitude, à travers laquelle on apperçoit çà et là des monceaux de cendres, tristes restes de la fureur dévastatrice d'une faction qui a voulu égorger le peuple par la main du peuple ; engloutir, dans le même abyme, nos plus florissantes cités, et ne couvrir la France, que de cadavres et de ruines.

Oui, le grand jour est arrivé peut-être, où l'on va connoître enfin les véritables auteurs de tous nos désastres et de toutes nos calamités ; où l'on va voir que la guerre de la Vendée n'étoit qu'une branche de cette vaste conspiration qui embrassoit la France entière, et qui, après avoir consommé la ruine de Lyon et de Toulon, devoit entraîner celle de Marseille, de Bordeaux, de Nantes, de Brest, en un mot des principales villes de la République.

Déja des patriotes énergiques ont soulevé quelques coins du voile épais qui nous cachoit cette guerre mystérieuse ; aucun n'a osé encore le soulever en entier ; c'est un affreux secret que tout le monde devine, et que personne n'ose approfondir.

Sans doute que les nobles et sur-tout les prêtres (1) de la Vendée, ont jetté, dans ce

(1) Notamment les prêtres *Mulotins*, espèce de missionnaires ainsi appellés de *Mulot*, leur fondateur. Ces prêtres, avec de certaines religieuses ambulantes,

malheureux pays, les premiers brandons de la guerre civile ; mais là, comme ailleurs, il eût été aisé de les éteindre, si ces nobles et ces prêtres n'eussent été puissamment secondés par une faction, dirigée sans doute par des principes bien différens, mais plus intéressée qu'eux peut-être, à en étendre les ravages.

Dans les rapports qu'on a faits à la convention nationale sur cette guerre désastreuse, on a mis, au rang des principales causes qui lui ont donné une certaine activité, la conduite que tinrent, dans la Vendée, Gensonné et Gallois, tous deux commissaires du pouvoir exécutif ; on leur a reproché d'avoir, par leur tolérance, entretenu dans leurs erreurs les malheureux Vendéens, au lieu de démasquer et de faire punir les scélérats qui les égaroient.

Mais combien plus coupables ont été ceux qui leur ont succédé dans cette mission importante, et dont on s'est plu, pendant si

---

connues sous le nom de *filles de la sagesse*, parcouroient tous les ans les campagnes du Poitou, pour en fanatiser les habitans. La garde nationale angevine, dans les commencemens de la révolution, leur avoit souvent donné la chasse, et avoit dissipé leurs processions nocturnes, composées de trois ou quatre mille ames.

long-tems, à vanter l'énergie et le patriotisme ! Combien plus coupables, dis-je, ont été Ronsin, Vincent, Momoro, Maugue, Millet, Lachevardière, et cette foule de commissaires tant du pouvoir exécutif, que de la fameuse commune, qui, comme une nuée de vautours, sont venus fondre sur nos contrées !

Si Gensonné et Gallois, par leur malheureuse tolérance, ont enhardi les nobles et les prêtres, dans leurs funestes projets ; leurs abominables successeurs, par leur faste insultant, par leur sybarisme, leur immoralité, leurs dilapidations, en un mot par leurs vices particuliers et par ceux de leur soldatesque, ont encore moins nui aux aristocrates, qu'ils n'ont été funestes aux patriotes.

On a blâmé, et avec raison, Lebrun, ministre des affaires étrangères, sur la coupable insouciance qu'il montra dans ces momens de crise et d'orage (1) ; et

(1) Ce ministre, quoiqu'instruit depuis six mois de la fameuse conspiration de la Rouerie qui, dans sa vaste étendue, embrassoit tous les départemens de l'ouest de la république et les départemens circonvoisins, n'en fit son rapport à la convention nationale que le 14 mars 1793, c'est-à-dire, après que

on a affecté de ne rien dire de Pache, alors ministre de la guerre, qui cependant a contribué, autant qu'il étoit en lui, aux progrès de cette effroyable insurrection, en se refusant constamment aux pressantes sollicitations des administrateurs du département de Maine et Loire, qui le conjuroient de leur envoyer des armes, soit pour des bataillons nouvellement formés, soit pour un dépôt de cavalerie établi depuis peu à Angers, c'est-à-dire, pour les seules troupes qu'au défaut des gardes nationales, on pût alors opposer aux rebèles (1).

---

cette conspiration eut éclaté, et au moment où elle auroit donné la plus violente secousse à la république, si les vents de l'équinoxe eussent permis aux Anglais de tenir la mer, et de faire une descente sur nos côtes. C'est le plus grand crime qu'on ait à reprocher à ce ministre, et cependant ce n'est pas celui qu'on lui a reproché.

(1) Ces administrateurs, fatigués à la fin du silence de ce ministre, auquel ils avoient écrit plus de trente lettres à ce sujet, et qui toutes étoient restées sans réponse, prirent le parti de le dénoncer à la convention nationale; mais la faction qui le protégeoit alors et qui le fit, quelque tems après, maire de Paris, empêcha l'effet de cette dénonciation.

Bouchotte, qui succéda à Pache dans le ministère de la guerre, a aussi beaucoup de reproches à se faire par le mauvais choix des généraux qu'il envoya dans ce malheureux pays.

On a cité avec une sorte de complaisance les noms de ceux qui, à cette époque, avoient composé successivement le Comité de défense générale, et qui ont été mis hors la loi, c'est-à-dire, de Guadet, d'Isnard, de Gensonné, de Ducos, de Pétion, de Barbarbaroux, etc.; et on a craint de parler des honorables membres du Comité de salut public, c'est-à-dire, de Robespierre, de Couthon, de Saint-Just, de Barrère, de Collot-d'Herbois, de Billaud-Varennes, etc., auxquels on doit principalement attribuer les horreurs commises dans la Vendée (1), et qui, au lieu de resserrer le théâtre de nos calamités, l'ont étendu sur les deux rives de la Loire

Nous dirons plus, car il faut se reporter, malgré soi, à ces circonstances douloureuses des dissensions de la convention nationale,

---

(1) J'ai lu plusieurs lettres que Thureau, général en chef de l'armée de l'Ouest, écrivoit aux généraux qui étoient sous ses ordres, et notamment une, du 4 floréal, adressée au général Carpentier, dans laquelle il lui ordonne expressément *de tout tuer*, *tout brûler dans la Vendée; car* TELS SONT LES ORDRES, y est-il dit, *DU COMITÉ DE SALUT PUBLIC*. La connoissance de ces lettres, et sur-tout de l'ordre général de Thureau à tous les généraux de la Vendée, jetteroit un grand jour sur cette guerre inexplicable.

qui ont été si funestes à la France ; ce n'est qu'après la fameuse journée du 31 mai, c'est-à-dire, à une époque où les membres du Comité de défense générale, dont nous avons parlé, n'avoient et ne pouvoient avoir aucune influence dans le gouvernement, que la guerre de la Vendée a pris un caractère véritablement grave; ce n'est véritablement qu'à cette époque qu'ont commencé nos grandes défaites, nos grandes déroutes ; et si, peu de tems auparavant, nous avons éprouvé quelques échecs, ce n'a été que depuis que la commission centrale, qui jusqu'alors, dans l'emploi et la direction de nos forces, avoit communiqué avec les administrations départementales, eut cessé d'avoir avec elles toute espèce de communication ; de sorte que, dans nos départemens, l'on crut alors, et que l'on croit peut être encore aujourd'hui, que cette commission n'avoit laissé accroître la puissance des rebelles, que pour empêcher les patriotes de voler au secours de la convention nationale que l'on disoit opprimée par une redoutable faction.

On n'a pu s'empêcher aussi d'accorder quelques éloges au courage et au patriotisme des gardes nationales qui, dans le commencement des troubles, ont supporté tout le poids de cette guerre calamiteuse ; mais on a oublié de dire que ces gardes nationales ont été, pour la plupart, indignement sacrifiées par les chefs qu'on leur avoit donnés, et qui certainemeet n'auroient pas été de leur choix (1). Que dis-je ? les armées qui, venues de différens points de la république,

(1) Les gardes nationales que commandoit le général Marcé, et sur la bravoure desquelles on avoit fondé les plus belles espérances, furent taillées en pièces par la perfidie de leur général, qui les amena dans un bas fond et livra bataille à l'entrée de la nuit, pendant que l'ennemi occupoit toutes les hauteurs, et avoit fait toutes ses dispositions pour leur résister avec avantage. Le brave bataillon de Finisterre, dans l'espace de trois semaines qu'il resta avec l'armée de Vihiers, fut presque réduit au tiers, par les pertes successives qu'il éprouva, en combattant seul, pour ainsi dire, contre les rebelles. Les braves Marseillo s qui s'étoient enfermés dans les murs de Thouars, aimèrent mieux se laisser exterminer jusqu'au dernier, que de partager l'infamie du général Quetineau, en rendant aux ennemis une place qu'ils avoient juré de défendre. Les canonniers d'Eure et Loir, aux environs de Beaupréau, se firent tous tuer sur leurs pièces, et à côté d'eux fut hachée la compagnie de Luynes, du département d'Indre et Loire, non parce qu'elle fut abandonnée par les autres bataillons, car ils n'étoient pas de force à résister à l'ennemi, mais parce que le général Berruyer, dont on a pris avec tant de chaleur la défense, refusa de faire marcher contre cette place une colonne de 500 hommes, ainsi qu'il en étoit convenu avec le général Gauvilliers. Les 150 gre-

ont voulu montrer, dans cette guerre, quelque courage et quelqu'énergie, ont partagé le sort des gardes nationales; elles ont été ou détruites en détail, ou renvoyées dans d'autres départemens, sans qu'on ait fait mention seulement de leurs victoires. La brave armée de Mayence compte à peine aujourd'hui la dixième partie de ses soldats; et celle des Côtes de Cherbourg, à laquelle nous devons principalement la destruction de la grande armée des rebèles, soit au Mans, soit à Savenay, et qui, après avoir battu deux fois de suite l'armée de Charrette à Machecoul, auroit pu terminer en huit jours cette fatale guerre, fut renvoyée dans le Calvados, pour faire place à celle du Nord, qui, ainsi que les

---

nadiers de Montreuil et de Saumur, enfermés au château de Bois-Grosleau, après avoir résisté pendant deux jours et deux nuits à toutes les forces de l'ennemi, ne furent obligés de se rendre, que faute de munition, et que parce que le même général refusa de leur envoyer les secours qu'ils lui avoient fait demander. Lors de la fameuse levée en masse, opération vraiment contre-révolutionnaire, plus de 500 pères de famille de la garde nationale d'Angers ont été massacrés dans les plaines de Beaulieu et de la Jumélière, ou sont devenus prisonniers des rebelles, par la trahison ou l'ineptie du général Duhoux.

héros de 500 francs (1), ne s'est fait connoître dans nos contrées, que par ses honteuses défaites et par ses ravages.

Les généraux qui, par leur courage, leur intelligence et leur activité, avoient eu le malheur de remporter quelques vic-

---

(1) Ces héros avoient été précédés par les gendarmes à pied de la trente-cinquième division et par les vainqueurs de la bastille, qui ont montré dans cette guerre une bravoure peu commune; mais ils avoient malheureusement une ardeur effrénée pour le pillage. On eût dit qu'ils étoient moins venus pour combattre, que pour piller. Tout homme riche, ou tant soit peu aisé, étoit toujours à leurs yeux un aristocrate que l'on pouvoit dépouiller sans ménagement; les messageries n'étoient chargées que de leur butin qu'ils envoyoient à Paris. Enfin les abus en ce genre devinrent si crians, que les administrateurs du département de Maine et Loire ne trouvèrent pas d'autres moyens de les faire cesser, que de défendre aux directeurs des messageries de transporter à l'avenir, pour le compte de ces militaires, d'autres effets que ceux qui étoient censés leur appartenir.

Les gendarmes et les vainqueurs de la bastille ne tardèrent pas à être suivis par la *légion germanique*, presque toute composée de contre-révolutionnaires qui, au siège de Saumur, passèrent, au nombre de trois cents, dans le parti des rebèles, où ils formèrent un corps de cavalerie connu sous le nom de *vengeurs de la couronne.*

toires, n'ont pas été traités plus favorablement que les braves armées qu'ils commandoient. Dubayet, Canclaux, Ray, Tuncq et Westermann ont été destitués ou proscrits, tandis que Berruyer, Duhoux, Santerre, Lechelle, Rossignol et quelques autres généraux, connus, comme ceux-ci, par leurs éternelles déroutes, ont longtems joui du droit affreux de trahir impunément la République.

Ce n'est pas tout. On a fait en quelque sorte un crime à certaines villes, des services qu'elles avoient rendus à la révolution; Nantes qui, avec ses seules forces, pour ainsi dire, avoit résisté, pendant quinze mois, à tous les efforts des rebèles; Angers, dont la garde nationale s'étoit portée, dès le commencement des troubles, dans différens points du département de Maine et Loire et dans les départemens circonvoisins, ont été comprises dans la même proscription. Il n'est pas possible d'imaginer le systême de terreur qu'on avoit établi dans ces deux villes, ni les scènes d'horreur dont, pendant près d'un an, elles ont été le théâtre.

Saumur, Doué et les Ponts-de-Cé ont vu aussi couler à grands flots le sang humain. Mais rien n'est comparable aux horreurs qui ont été commises dans la Vendée. Rien n'a été respecté dans ce malheureux pays ; les propriétés y ont été pillées, saccagées, incendiées ; les habitans, sans distinction d'âge ni de sexe, aristocrates ou patriotes, ont tous été livrés à la mort, ou chassés à vingt lieues des frontières ; les grains de toute espèce y ont été consumés par les flammes, les bestiaux étouffés dans leurs étables, toutes les habitations détruites ; enfin, par des vexations de tout genre, on a tellement révolté les esprits sur les deux rives de la Loire, que, d'une Vendée, on en a fait deux.

Non, la postérité ne croira jamais que des hommes qui avoient sans cesse à la bouche les saints noms de liberté, d'égalité, de fraternité, aient pu se livrer, contre leurs frères, à des atrocités semblables, si, à la faveur de ce vernis patriotique, ils n'eussent eu envie d'anéantir la liberté, en nous la rendant à jamais odieuse.

C'est donc bien sagement que la convention nationale a adopté une conduite toute opposée ; elle a senti combien étoient contre-révolutionnaires les mesures qu'on avoit suivies jusqu'à ce jour, combien elles étoient

propres

propres à soulever tous les esprits, et à nous faire retomber dans un esclavage pire cent fois que celui dont nous nous étions délivrés.

Elle a fait sagement de décréter une amnistie générale pour tous les insurgés, dont la plupart peut-être aujourd'hui sont des patriotes, des amis de la liberté, que d'horribles vexations ont forcés de passer dans le parti contraire.

Mais, pour que cette proclamation produise tout l'effet qu'en doit attendre la convention nationale ; pour que les rebèles, trop souvent trompés, acceptent sans crainte et sans défiance ce bienfait de nos législateurs, il faut qu'ils apprennent en même temps qu'on se dispose à faire justice des monstres qui ont consommé la ruine de leur pays, et que le même glaive doit frapper à la fois et nos mandataires infidèles et leurs infâmes complices.

RAPPORT

DU CITOYEN BENABEN,

Commissaire du Département de Maine et Loire, près des armées destinées à combattre les rebelles de la Vendée,

AUX CITOYENS ADMINISTRATEURS DU MÊME DÉPARTEMENT.

RÉPUBLICAINS,

LORSQU'APRÈS six mois de défaites, ou plutôt de honteuses déroutes, vous apprîtes, pour la première fois, le succès inespéré de nos armes dans la Vendée ; lorsque la renommée vous annonça, avec tant d'emphase, les prises successives de Châtillon, de Mortagne, de Cholet & de Beaupreau, vous crûtes fermement, & vous étiez fondés à croire que cette guerre désastreuse étoit à jamais terminée.

Toute la France le crut alors, comme vous ; &, comme vous, toute la France fut trompée. Jamais les rebelles ne furent plus redoutables ; jamais ils ne déployèrent un appareil de guerre plus imposant.

B 2

A moins de regarder comme innombrable la population de la Vendée ; à moins de supposer qu'elle renfermoit alors les forces réunies de plusieurs départemens, il est à croire que, dans les massacres affreux dont ces villes furent le théâtre, la fureur du soldat s'exerça principalement sur des femmes, sur des enfans, sur des infirmes, sur des vieillards, & peut-être sur des patriotes dont cette terre ingrate n'étoit pas entièrement privée, & qui, pour faire éclater leurs sentimens trop long-tems comprimés, n'attendoient que l'arrivée de leurs frères.

Ce qu'il y a de bien certain, c'est que, lors de la prise de Chatillon (1) par les armées républicaines, les rebelles, après avoir jetté 15 à 20 mille des leurs dans l'île de Noirmoutier, se disposoient à passer la Loire au nombre de près de 100 mille (2) hommes, pour se rendre à Granville, où devoit les attendre le comte de Moyra avec une flotte anglaise; ce qu'il y a de bien certain

(1) Châtillon ne fut définitivement pris et brûlé que le 14 octobre 1793 (*vieux style*). Mortagne ne le fut que le 16 du même mois, Cholet que le 17, et Beaupreau que le 19. Les rebelles avoient déjà passé la Loire le 18, qui répond au 28 vendémiaire de notre ère républicaine.

(2) Le jour de mon départ d'Angers, on amena au département un chef de brigands nommé *Duverdier de la Sorinière.* Ce chef, dans l'interrogatoire

encore, c'eſt que, pendant que nous prenions Mortagne & Cholet, ils s'étoient mis en marche pour exécuter leur deſſein; ce qu'il y a de bien certain enfin, c'eſt que, la veille de la priſe de Beaupreau, ce paſſage avoit commencé de s'effectuer, & qu'il ſe continua le jour même & le lendemain de la priſe de cette ville, ſans que les troupes placées ſur les deux rives de la Loire fuſſent capables de l'empêcher.

En effet, Beaupreau fut pris le 28 vendémiaire, & ce jour là même les rebelles, maîtres de toute la rive droite de la Loire, avoient repouſſé, juſqu'aux portes d'Angers, le peu de troupes qu'avoit voulu leur oppoſer l'adjudant-général Tabari, auquel on avoit confié le poſte d'Ingrande.

En vain, pour ſoutenir ces troupes, fit-on avancer, des Ponts-de-Cé, une partie des anciennes garniſons de Condé & de Valenciennes; cette petite armée, aux ordres du général Olagner, quoique pleine de courage & d'intrépidité, fut également repouſſée.

---

qu'on lui fit ſubir ſur-le-champ, avoua que les brigands étoient au nombre de 150 mille. Les différentes perſonnes que j'ai queſtionnées depuis ſoit à Candé, ſoit à Segré, ſoit à Château-Gontier, portoient leur armée au même nombre. Mais j'aime mieux la diminuer d'un tiers, afin de m'accorder avec Weſtermann, celui de nos généraux qui les a ſuivis de plus près.

Dans ces circonstances véritablement allarmantes pour la ville d'Angers & pour le département de Maine & Loire, le citoyen Vial, alors procureur-général-syndic de ce département, qui croyoit avoir autant de raisons de se défier de nos généraux, que de redouter les forces de nos ennemis, vous proposa d'envoyer à l'armée deux commissaires, pour surveiller leur conduite, & pour vous donner, sur leurs opérations militaires, tous les renseignemens que vous pouviez désirer.

Cette proposition fut favorablement accueillie, comme elle devoit l'être; vous prîtes en conséquence, dans votre sein, le premier de ces commissaires; je fus le second que vous désigna le citoyen Vial, & que vous honorâtes de votre choix. Heureux, si j'eusse été le seul chargé de cette mission importante! Vous n'auriez pas à regretter aujourd'hui un excellent administrateur (1), & un bon père de famille, victime tout-à-la-fois de son courage & de son patriotisme!

Ce fut donc le 28 vendémiaire, à quatre heures environ du soir, que, pour reconnoître la position de notre armée que les brigands venoient de mettre en déroute, nous sortîmes d'Angers, mon collègue & moi, accompagnés seulement de deux gendarmes,

(1) Jacques Duverger, administrateur du département de Maine et Loire, qui, comme on le verra ci-après, fut inhumainement massacré par les brigands, le lendemain de son départ pour l'armée.

d'un huſſard & du jeune Delaage, notre concitoyen, dont je connoiſſois les talens militaires, & que, pour cette raiſon, j'avois engagé à nous ſuivre.

Nous ne fûmes pas médiocrement ſurpris, en traverſant la ville, de la trouver déjà remplie de fuyards, auxquels, ſoit par perſuaſion, ſoit par menaces, nous fîmes rebrouſſer chemin.

Arrivés à l'armée, nous trouvâmes qu'elle ſe diſpoſoit à bivaquer dans un lieu fourré, coupé par pluſieurs chemins, & où par conſéquent nous pouvions être aiſément ſurpris. Ce lieu, à ce qu'on m'a dit, ſe nomme *la Roche.*

Je ne pus m'empêcher de faire remarquer aux généraux Olagner & Fabreſond le danger de cette poſition, & je leur propoſai d'établir le bivouac à *la Barre*, c'eſt-à-dire, à l'entrée de la ville, parce que ce lieu eſt parfaitement découvert.

Les généraux Olagner & Fabrefond, après s'être regardés quelque tems en ſilence, ſentirent que j'avois raiſon, & établirent leur bivouac dans le lieu que je leur avois indiqué.

Ils étoient à peine entrés dans une ferme qu'ils avoient choiſie pour quartier-général, que l'Adjudant-général Tabari, m'ayant pris en particulier, « mon ami, me dit-il, je viens de faire un bon » coup; je viens d'envoyer à St.-Georges (1) deux

(1) Gros bourg, à quatre lieues d'Angers, sur la route de cette ville à Nantes.

» hommes sûrs, pour m'instruire de la position de
» l'ennemi. Nous nous mettrons en mouvement,
» à minuit, sur trois ou quatre colonnes conduites
» par des habitans de ce bourg, & nous égorgerons
» les brigands dans leur lit. »

Je crus d'abord que les personnes sûres, dont me parloit Tabary, étoient déguisées en paysans ou en brigands, & qu'à la faveur de ce déguisement, elles pourroient parcourir impunément les rues de St.-Georges. Point du tout; par des informations que je pris après qu'il m'eut quitté, je sus que ces personnes sûres étoient des cavaliers de la cavalerie champêtre de la rive droite de la loire; que ces cavaliers étoient partis avec leur uniforme, & qu'ils s'étoient fait accompagner de deux gendarmes, aussi en uniforme, dont on me dit le nom.

Je ne fis part à personne, ni de la confidence de Tabari, ni de ce que je venois d'apprendre, me réservant d'en faire usage, lorsque dans le conseil de guerre, on agiteroit la question de savoir si l'on marcheroit à minuit sur St.-Georges.

Cette question ne tarda pas à être agitée; elle paroissoit être du goût de tous les généraux, & sur-tout de mon collègue, qui ayant autrefois porté les armes, & voulant faire voir sans doute qu'il n'avoit pas dégénéré de son ancienne valeur, avoit une envie démesurée de se battre.

Je gardai le silence, jusqu'à ce que chacun eût

manifesté son opinion. Je leur dis alors : citoyens, vous croyez surprendre l'ennemi, & c'est lui qui vous surprendra. Les gens que Tabari a envoyés à la découverte, sont des cavaliers de la cavalerie champêtre de la rive droite de la loire, & deux gendarmes ; il est impossible que quatre hommes à cheval & en uniforme, ne soient point remarqués par l'ennemi, qui sûrement fera ses dispositions pour nous bien recevoir.

Cela est-il vrai, me dit-on ? Oh ! très-vrai ; leur répondis-je, &, si vous le voulez, je vais vous produire mes preuves ; au surplus, vous n'avez qu'à attendre le rapport des quatre cavaliers que Tabari a envoyés à la découverte, je doute que ce rapport nous soit favorable.

Ces cavaliers se présentèrent au bout d'une heure & demie, & dirent qu'ayant été reconnus à la hauteur du château de Serrant, ils avoient été salués d'une trentaine de coups de fusil.

Il ne fut plus question alors de surprendre l'ennemi ; mais on ne renonça pas pour cela au projet de marcher sur St.-Georges. L'armée se mit en mouvement entre trois ou quatre heures du matin, & arriva dans ce bourg une heure après que les brigands l'avoient évacué.

J'appris des habitans de ce bourg que l'ennemi s'étoit tenu toute la nuit sur le *qui-vive*, & qu'il ne s'étoit déterminé à sortir de St.-Georges, que parce qu'il supposoit qu'il nous étoit arrivé une nouvelle armée.

Au lieu de rester à St.-Georges, où nous aurions pu être aisément surpris, parce que nos soldats, en arrivant dans une ville, ont la louable coutume de se répandre dans les cabarets, Olagnet porta son armée à la hauteur du moulin de St.-Germain-des-Prés, c'est-à-dire, à une lieue au-delà.

Il y avoit à peine une heure que nous y étions arrivés, lorsqu'il prit envie à l'adjudant-général Tabari & à mon collègue, d'aller à la découverte avec une douzaine de dragons ou de hussards. Je les suivis, avec Delaage, jusqu'à cinq cents toises de l'armée; mais, leur voyant prendre tout-à-coup le galop, je crus devoir rester à la place où j'étois, pour observer deux chemins de traverse qui aboutissoient sur le grand chemin, & par où les ennemis pouvoient nous couper; j'étois persuadé, d'ailleurs, que cette petite troupe ne manqueroit pas de se reployer sur le corps de notre armée, supposé qu'elle vînt à rencontrer l'ennemi.

Cette persuasion de ma part étoit bien gratuite; car Tabari voyant les postes avancés des brigands se reployer successivement les uns sur les autres, se mit à les poursuivre, &, à mesure que leur noyau grossissoit, dépêcha successivement des ordonnances pour faire avancer d'abord le reste des dragons & des hussards, puis la gendarmerie & enfin l'infanterie.

Il y avoit trois quarts d'heure environ que la troisième ordonnance étoit partie, que, ne voyant aucun mouvement dans nos bataillons, je me transportai au moulin de St.-Germain-des-Prés, & je demandai à parler au général. On me dit qu'il dormoit. *Un général ne doit jamais dormir*, répondis-je, & je courus à son lit pour l'éveiller & pour lui dire que Tabari lui avoit dépêché, depuis trois quarts d'heure environ, une ordonnance pour l'engager à faire avancer son infanterie.

Je n'ai point approuvé la démarche de Tabari, me dit Olagner en se frottant les yeux; cela peut être, lui répondis-je, mais vous n'avez, dans cette circonstance, que deux partis à prendre, ou de faire revenir toute votre cavalerie, ou de la faire soutenir par votre infanterie.

Olagner se décida pour ce dernier parti, & fit battre le rappel; mais il se passa encore bien du tems avant que l'armée se mit en mouvement, par la curiosité de Fabrefond, qui voulut faire mille questions à un jeune brigand de treize à quatorze ans, qu'on avoit pris par hazard dans les champs, & qu'on lui avoit présenté.

L'armée se mit enfin en mouvement & en très-bon ordre. J'étois resté en arrière avec Delaage, parce que, avant de partir, nous avions voulu faire rafraîchir nos chevaux, lorsque, à notre très-grand étonnement, nous entendîmes, à quelque distance de nous, un feu de toute notre colonne, contre des brigands qui s'étoient présentés sur la droite du chemin, à une demi-lieue environ de notre première position, c'est-à-dire, du moulin de St.-Germain-des-Prés.

Pendant ce feu, qui ne dura qu'un instant, Delaage me fit observer bien avant dans les terres, au moins une cinquantaine de brigands qui paroissoient prendre la route de St.-Georges. Je le priai aussitôt d'en avertir Olagner, tandis que j'irois observer moi-même si ces brigands, dont vraisembablement nous n'avions apperçu qu'une très-petite partie, ne chercheroient pas à nous couper toute retraite du côte d'Angers.

Je mis tant de tems à cette observation, que je ne pus rejoindre l'armée qu'à Champtocé. Je trouvai, à l'entrée de ce bourg, le gendarme Payé, qui avoit dû accompagner mon collègue. Il étoit pâle & défait. M'ayant pris en particulier, il m'apprit la fin tragique de mon collègue, ainsi que celle de Marchand, son fidèle ami, & voulut m'empêcher d'aller plus avant; de peur que je n'éprouvasse le même sort. Je lui répondis que ma mission étoit de suivre les généraux, & que je la remplirois, dût-il m'en coûter la vie. Je me mets donc à la tête de la colonne, & nous arrivons à la hauteur d'Ingrande, près d'un petit amas de maisons où mon collègue avoit été tué.

J'appris là, des habitans du lieu, les différentes circonstances de sa mort. Après avoir poursuivi assez loin les avant-postes de l'ennemi avec notre cavalerie, il étoit revenu sur ses pas & avoit été se rafraîchir, dans un cabaret, avec l'adjudant-général Tabari. Ils s'y croyoient en sûreté. Mais les brigands, qui n'avoient fait semblant de fuir que pour les entraîner dans le piège, craignant de manquer leur proie, avoient fait filer, pendant ce tems, de l'infanterie dans les vignes qui bordent les deux côtés du chemin, tandis que leur cavalerie s'avançoit sur le chemin même. On n'avertit mon collègue du danger qui le menaçoit, qu'au moment où il alloit être cerné de tous côtés par l'ennemi. Il voulut aussi-tôt monter à cheval; mais, la selle ayant tourné, il tomba à la renverse. Un brigand profita de sa chûte pour lui tirer un coup de fusil qui le blessa. Il voulut se relever, malgré sa blessure; mais un cavalier brigand, étant tout-à-coup survenu, lui allongea un coup de sabre sur la tête; un autre lui enfonça le sien dans la bouche. Ainsi finit ce brave homme, que vous auriez encore le bonheur de posséder, s'il eût eu un courage un peu plus réfléchi.

Quant à notre cavalerie, elle se sauva à bride abattue du côté de Champrocé, à travers une grêle de balles qui tomboit sur elle des deux côtés du chemin. Le seul gendarme Marchand aima mieux se faire massacrer à côté de mon collègue, que d'abandonner son ami.

Cette surprise auroit dû nous rendre sans doute un peu plus circonspects; eh bien! comme si nous n'eussions eu rien à craindre de la part d'un ennemi qui s'entendoit bien mieux que nous au métier de la guerre, on fit bivaquer l'armée dans une position des plus défavorables (1). Les feux étoient allumés depuis une heure environ ; on avoit fait aussi la distribution du pain & de la viande, lorsque je fus trouver les généraux qui s'étoient réunis dans une ferme. Je leur demandai si leur intention étoit de garder cette position.

Fabrefond me répondit qu'ayant appris que les ennemis avoient pris la route de Candé, il comptoit les y poursuivre, lorsque l'armée se seroit un peu rafraîchie. « Mais vous ne faites » pas attention, lui dis-je, qu'entre Varades » & Ingrande il y a un corps d'armée qui a » failli à tailler en pièce notre cavalerie (2), » & vous ignorez peut-être que, lorsque vous » avez fait faire un feu de file de toute votre co- » lonne contre des brigands qui s'étoient pré- » sentés sur la droite de votre chemin, à une » demi-lieue environ du moulin de St.-Germain- » des-Prés, j'ai vu une cinquantaine d'autres bri-

(1) On avoit établi le bivouac dans des vignes, aux environs desquelles se trouvoit une prairie longue, étroite et profonde, par où l'ennemi pouvoit aisément nous surprendre.

(2) Nous pouvions avoir 120 hommes de cavalerie, en y comprenant les hussards, les dragons et les gendarmes.

» gands défiler en très-bon ordre du côté de St.-
» Georges, en ſorte que je ne ſerois pas ſurpris
» que nous ne fuſſions pris en ce moment entre
» trois feux. »

Cette réflexion fit frémir Olagner qui, d'après plusieurs rapports qui lui avoient été faits, avoit appris que les brigands ſe raſſembloient en très-grand nombre aux environs de la paroiſſe de St.-Auguſtin-des-Bois, qui eſt préciſément à la hauteur de St.-Georges. Il fut donc d'avis, ainſi que moi, de laiſſer tous les feux du bivouac allumés, & de faire camper l'armée aux environs du château de Serrant.

Je me tranſportai auſſi-tôt à la tête des voitures, &, le piſtolet à la main, je les fis mettre toutes du même côté du chemin & à la file les unes des autres, afin de ne pas interrompre la marche de l'armée; car ce ſont les conducteurs de ces voitures qui, voulant empiéter les uns ſur les autres, embarraſſent les chemins, entravent la marche des colonnes, & ſont preſque toujours la cauſe de nos déroutes.

Fabrefond, de ſon côté, après avoir fait ranger les bataillons ſuivant l'époque de leur formation, les fit rompre par pelottons, & eut ſoin, pendant toute la marche, de faire obſerver les diſtances, afin que, au premier commandement, ils puſſent ſe ranger en bataille. C'eſt la ſeule obligation que l'armée ait eu à ce général, qui jusqu'alors n'avoit fait que des bévues (1).

Telle étoit la nécessité de cette contre-marche; elle fut si bien sentie & des chefs & des soldats, qu'il n'y eut personne qui osât s'en plaindre. Je dirai plus; il venoit de nous arriver environ six cents hommes, qui avoient trouvé fort mauvais qu'on leur eut fait faire vingt-deux lieues dans deux jours; eh bien! lorsqu'il leur fallut revenir sur leurs pas, aucun d'eux n'osa proférer la moindre plainte.

Toute mon inquiétude, & celle d'Olagner, étoit que nous ne fussions coupés à la chaussée de Champtocé; de sorte que, lorsque nous eûmes passé cet endroit dangereux, nous marchâmes avec un peu plus de sécurité.

Il étoit bien urgent que nous fussions nous éta-

---

(1) Fabrefond, avant que les brigands fussent passés sur la rive droite de la Loire, avoit le commandement général de toutes les troupes qui bordoient cette rive. Il auroit dû en conséquence, comme il en avoit été prévenu, en doubler et tripler même tous les postes, pour empêcher le passage des brigands. Il n'en fit rien. Cependant on a guillotiné Tabari qui ne commandoit que le poste d'Ingrande, et on n'a rien dit à Fabrefond, dont il recevoit immédiatement les ordres. On n'a rien dit non plus au commandant de Varades, le principal auteur de ce passage. Que dis-je? On ignore jusqu'au nom de ce dernier.

blit

blir aux environs du château de Serrant ; car, en passant par St.-Georges, nous apprîmes des habitans de ce bourg que, demi-heure auparavant, ils avoient apperçu un gros de cavalerie ennemie. C'étoit sans doute quelque forte patrouille du corps d'armée des brigands qui s'étoient rassemblés aux environs de la paroisse de St.-Augustin-des-Bois.

Actuellement que nous savons, à n'en pouvoir douter, que ce fut ce jour-là même que les brigands s'emparèrent de Candé, & que les rassemblemens qui étoient entre Ingrande & Varades, ou aux environs de la paroisse St.-Augustin, n'étoient que deux corps d'armée d'observation pour s'opposer aux mouvemens que nous aurions pu faire, soit du côté de Nantes, soit du côté d'Angers; qu'on juge de la grandeur du péril que nous aurions couru, si, d'après l'avis de Fabrefond, nous eussions poursuivi ce jour-là même, sur la route d'Ingrande à Candé, les brigands dont l'armée étoit vingt fois plus nombreuse que la nôtre ? Pris entre trois feux, dans des chemins bordés de bois de deux côtés, & sans aucun moyen de retraite, il étoit impossible que nous ne fussions tous exterminés jusqu'au dernier.

Tabari avoit fait sans doute une grande faute de s'être avancé si inconsidérément, avec une poignée de monde, dans l'armée ennemie; Olagner en avoit fait aussi une grande de n'avoir pas envoyé une ordonnance à Tabari, pour le faire revenir, lorsqu'il eut appris qu'il s'étoit si fort éloigné de notre armée (1); mais, ayant jugé à propos de faire avancer son infanterie pour le soutenir, il n'avoit rien de mieux à faire que de revenir sur ses pas, après avoir tiré sa cavalerie de danger. Les fautes les plus courtes sont toujours les meilleures.

Arrivé au château de Serrant, Olagner ne fut plus occupé que d'observer la marche de l'ennemi, afin de pouvoir l'attaquer avec quelque avantage.

Nous apprîmes, par une de vos lettres, en réponse à celle que je vous avois écrite, pour vous faire connoître notre dernière position, que l'avant-garde d'une colonne de dix mille hommes de l'armée de Mayence étoit arrivée aux Ponts-de-Cé, & qu'une autre colonne de pareil nombre s'avançoit du côté d'Ancenis, pendant que seize cens hommes venus de Mayenne avec six pièces de canon, avoient ordre de se rendre à Candé & de marcher vers nous.

Cette nouvelle intéressante, à laquelle nous ne nous attendions pas, car nous étions dans une ignorance des plus profondes sur la position de nos armées, me fit naître l'idée que je communiquai au général Olagner, & dont je vous fis part sur-le-champ, de marcher sur Varades, pendant que l'armée d'Ancenis se porteroit sur le même lieu, afin de prendre, entre deux feux, les ennemis qui étoient aux environs de cette ville, supposé qu'ils

(1) Il s'en étoit éloigné de plus de trois lieues.

eussent gardé cette position, ou pour les poursuivre ensemble sur la route de Candé, supposé qu'ils eussent dirigé leurs pas vers cette dernière ville, ainsi que l'avoit déjà fait la majeure partie d'entre eux.

Mais, pour tirer tout le parti possible des mouvemens de nos deux armées, il falloit que ces mouvemens fussent simultanés ; c'est pourquoi Olagner se disposoit à envoyer au général de l'armée d'Ancenis une ordonnance, qui devoit passer de St.-Georges sur la rive gauche de la Loire, & repasser ensuite sur la rive droite à Ancenis, lorsqu'un officier dépêché par ce dernier général à Angers, nous apprit, en passant par St.-Georges, que non-seulement les brigands avoient totalement évacué Varades, mais encore que l'armée d'Ancenis se disposoit à les poursuivre sur la route de Candé.

Nous apprîmes, d'un autre côté, qu'il ne paroissoit plus de brigands aux environs de la paroisse de St.-Augustin-des-Bois ; de sorte que, maîtres de nos derrières, & par conséquent sûrs d'une retraite en cas de malheur, nous aurions pu nous mettre en marche sur-le-champ pour harceler l'ennemi, si le défaut de vivres n'eut obligé Olagner de différer son départ jusqu'au lendemain.

Ce ne fut donc que le deux brumaire, c'est-à-dire, le cinquième jour depuis notre départ d'Angers, que, après avoir dépêché une ordonnance au général de l'armée qui étoit à Ancenis, pour l'instruire de notre mouvement, nous arrivâmes aux environs d'une grande métairie appellée la *métairie des Brosses*, à une lieue d'Ingrande, sur la route de Candé.

Quoique cette métairie, relativement à son étendue, dût être abondamment pourvue de toutes les choses nécessaires à la vie, le métayer nous assura qu'il n'avoit ni pain, ni vin, ni viande, ni aucune espèce de nourriture pour substanter sa famille, parce que les brigands, à leur passage, lui avoient tout enlevé, ce qui nous engagea à lui faire part de nos provisions.

Le lendemain matin, un moment avant le départ de l'armée, j'étois occupé à faire l'état estimatif de la paille & du bois que ce métayer avoit fournis pour le bivouac, ainsi que du fourrage que nos chevaux avoient consommé, lorsque deux ou trois gendarmes vinrent m'apporter plusieurs poignées de balles, qu'ils avoient trouvées dans différens endroits de la maison dudit métayer; des dragons du seizième régiment m'en apportèrent d'autres quelques instans après, ce qui m'engagea à faire moi-même la visite de la maison, & je trouvai dans différens tiroirs qui n'avoient pas encore été ouverts, d'autres balles de tout calibre, des biscayens & des bidons que je donnai à nos canonniers, pour les renvoyer aux brigands par la voie la plus courte.

Il n'en falloit pas davantage pour me faire regarder cet homme comme suspect, & pour le faire arrêter. J'ordonnai ensuite une fouille générale dans sa maison, où l'on trouva un habit d'officier,

un autre de canonnier ; un bonnet de h ussard, u bonnet de police, des gands de cavalier, un gros paquet de hardes des grandes dames du tems jadis, & des quittances du comité de Châtillon pour le bled qu'il avoit fourni à l'armée catholique & royale.

Je ne pus empêcher les soldats, comme vous devez bien le penser, de mettre la maison au pillage ; mais la nation y gagna toujours la paille, le bois & le fourrage qui avoient été dépensés la veille. Peu contens d'avoir dépouillé la maison, les soldats vouloient en expédier le maître ; mais, comme vous pouviez en tirer quelques lumières, le général Olagner se contenta de le faire lier & garroter, ainsi que son fils & un autre chef des brigands qu'on venoit de nous amener, & de les envoyer à Angers sous bonne & sûre garde.

Après cette expédition, nous nous acheminâmes vers Candé, où nous arrivâmes d'assez bonne heure pour pouvoir continuer notre route vers Segré, si nous avions eu les provisions de bouche & les munitions que nous vous avions demandées, & qui n'arrivèrent que le soir.

Nous y fûmes bientôt suivis d'une armée d'environ quatre mille hommes, presque toute composée de troupes de ligne ; c'étoit celle qui étoit partie d'Ancenis. Les généraux de ces deux armées, qui auroient dû profiter de cette occasion pour concerter leurs mouvemens, ne le firent pas, parce que l'un d'eux, c'est-à-dire Olagner, avoit été se rafraîchir, avec son état-major, dans une maison à une grosse demi-lieue de la ville. Tout ce que nous pûmes apprendre, c'eſt que l'armée d'Ancenis devoit partir à minuit pour Segré, de ſorte que, pour ne pas tomber tous à-la-fois dans le même endroit, Olagner ne fit partir la ſienne qu'à quatre heures du matin.

Nous rencontrâmes en chemin une autre colonne qui revenoit de Segré à Candé, & qui avoit ordre de ſe porter juſques à Ancenis. Surpris de cette marche qui nous parut vraiement extraordinaire, puiſqu'elle étoit évidemment contraire à celle de l'armée qui nous avoit ſuivis à Candé, & qui, dans ce moment, nous précédoit ſur la route de cette ville à Segré, nous en demandâmes la raiſon. On nous répondit que Westermann ayant attaqué l'ennemi à l'improviſte du côté de Laval, l'avoit mis en déroute, & qu'on ne faiſoit partir cette colonne pour Ancenis ou pour Nantes, que parce qu'on craignoit que les brigands, dans leur fuite, ne ſe portaſſent de ce côté là.

Ces nouvelles très-ſatisfaiſantes en elles-mêmes, prirent une couleur toute différente lorſque nous fûmes arrivés à Segré; car nous y apprîmes, à n'en pouvoir pas douter, que notre avant-garde, commandée par Weſtermann, & éloignée de cinq à ſix lieues de l'armée, avoit été attaquée pendant la nuit (1) par les brigands, & que, n'ayant pu être

(1) Westermann, dans le mémoire qu'il a présenté au comité de salut public, prétend que ce fut lui qui attaqua les brigands sur les onze heures du soir. Si le fait est vrai, ce fut une très-grande faute de la

ſecourue à tems, elle avait été obligée de battre en retraite après avoir perdu beaucoup de monde.

Nous ne reſtâmes que quelques heures à Segré, & nous partîmes pour Château-Gontier, où nous arrivâmes ſur les huit heures du ſoir, bien fatigués & bien mouillés. Il pouvoit y avoir alors dans cette ville environ huit mille hommes de troupes de la république.

Le lendemain Olagner dépêcha une ordonnance au général Lechelle, pour lui faire ſavoir ſon arrivée à Château-Gontier, & recevoir ſes ordres.

Lechelle lui ordonna de ſe rendre à Craon, où il trouveroit quelques troupes qu'il joindroit à ſon armée, & avec leſquelles il marcheroit vers Coſſé, & de là vers Laval dont il chercheroit à s'emparer, pendant que lui, Lechelle, mettroit les brigands en déroute.

Ces ordres ne parvinrent à Olagner qu'à deux heures & demie du ſoir, du moins ne me furent-ils communiqués qu'à cette heure. J'en fus d'autant plus ſurpris, que le bruit avoit déjà couru dans la ville que notre grande armée avoit été attaquée à l'improviſte par les brigands, qu'une partie de cette armée avoit été miſe en déroute, mais que l'autre réſiſtoit encore (1).

---

part de ce général, d'attaquer un ennemi dont il ne connoissoit pas les forces, et qui, arrivé le premier sur le terrain, avoit fait sans doute ses dispositions pour nous bien recevoir.

(1) L'armée, proprement dite de Mayence, ne formoit qu'une petite partie de cette grande armée; et ce fut celle-là qui résista.

Je ne crus pas devoir faire part à Olagner de ces bruits vagues, dont il pouvoit être tout aussi bien instruit que moi, & dont il pouvoit peut-être mieux encore apprécier la valeur. J'attendis donc qu'il donnât ses ordres pour le départ de son armée, ce qu'il fit sur les quatre heures du soir (1).

Comme j'étois avec lui à la tête de la colonne, je lui dis que j'avois quelques pressentimens que les caissons de pain que vous nous aviez envoyés, ne nous suivoient pas. Il traita mes pressentimens de craintes chimériques; mais n'en voulant croire que mes propres yeux, je me transportai rapidement à la queue de la colonne, pour vérifier le fait par moi-même.

---

(1) La division de Bloz étoit partie le même jour de Château-Gontier, entre midi et une heure, pour se réunir à la grande armée qui étoit sur le chemin de Laval; elle marcha, pour ainsi dire, au pas de charge, l'espace de deux ou trois lieues, et ne s'arrêta que lorsqu'elle eut apperçu notre déroute. Elle voulut alors prendre position, mais elle fut entraînée par les fuyards. J'ignore si ce fut en vertu d'un ordre du général Lechelle, que Bloz se mit en mouvement avec sa division; dans ce cas, je suis étonné que le même ordre n'ait pas été signifié à Olagner. Il est certain que, si ces deux divisions fussent parties ensemble de Château-Gontier, et eussent pris position à une ou deux lieues de cette ville, elles auroient rallié notre grande armée, et auroient écrasé celle des brigands, qui n'auroit pu résister à une armée de huit mille hommes, rangée en bataille et composée d'excellentes troupes de ligne.

La queue de la colonne avoit à peine alors dépassé Château-Gontier. J'appris là qu'une partie des caissons avoit pris la route d'Angers, & que l'autre ne savoit quel parti prendre. Je me hâtai donc d'en instruire le général, afin qu'il donnât les ordres nécessaires pour les faire avancer.

J'étois à peine à une demi-lieue de la ville, que j'apperçus à ma droite, sur le chemin de Laval, l'armée de Mayence marchant sur deux colonnes, & faisant un feu continuel sur les brigands qui la cernoient de tous côtés. Cette armée pouvoit être alors à trois quarts de lieue de Château-Gontier.

Ce fut une raison de plus pour moi de presser mon cheval, pour instruire le général de ce qui se passoit, & l'engager à faire marcher sa division en colonne renversée sur Château-Gontier, soit pour protéger la retraite de l'armée de Mayence, soit pour battre les ennemis qui ne devoient pas s'attendre à ce nouveau renfort.

Olagner qui n'avoit entendu ni le bruit du canon, ni celui de la fusillade, crut que j'avois pris pour un feu de file des genets qu'il supposoit qu'on avoit brûlés sur la route de Laval à Château-Gontier; j'eus beau l'assurer du contraire, il persista dans son opinion, & ajouta que, lors même que mon rapport seroit vrai, il ne pouvoit, sans encourir une furieuse responsabilité, s'écarter des ordres qu'il avoit reçus du général Lechelle.

Je lui répondis que, lorsque ce général lui avoit donné de pareils ordres, il ne prévoyoit pas sans doute la déroute qu'il venoit d'éprouver, & que c'étoit là le cas de les interpréter. Olagner, pour toute réponse, se contenta d'envoyer à Château-Gontier deux pièces de canon, qui, à ce que j'appris le lendemain, retardèrent d'environ une heure & demie la prise de cette ville.

Arrivé à Craon (1), il ne put plus douter de la fidélité de mon rapport. Il fit partir en conséquence, sur-le-champ, vingt-quatre cavaliers avec un certain nombre d'ouvriers pour couper les ponts de bois qui se trouvent sur la route de Château-Gontier à Craon, afin d'arrêter la marche de l'ennemi, supposé qu'il eût dessein de nous y poursuivre.

Notre armée, forte d'environ cinq mille hommes à St.-Georges, ne l'étoit guères à Craon que de trois mille, par la désertion du bataillon soldé d'Angers, de celui des pères de famille de Chalonnes & de celui de St.-Georges (2). Nous trou-

---

(1) Nous y trouvâmes trois cents hommes de l'armée de Mayence, qui s'étoient sauvés à la nage.

(2) Les soldats du premier bataillon nous avoient successivement abandonnés depuis notre départ d'Angers, en sorte que le jour que nous fûmes attaqués à Craon par les brigands, ils n'étoient que quinze qu furent bientôt rejoindre leurs camarades. Quant aux autres bataillons, ils avoient obtenu du général Olagner, pendant que nous étions à Serrant, la permission de passer à Chalonnes et à Montjean, pour en retirer du canon et des munitions qu'ils prétendoient que les brigands y avoient laissés. Ces deux bataillons devoient nous rejoindre à Ingrande ou à Candé; mais, malgré les ordonnances qu'on leur envoya

vâmes à Craon environ deux mille hommes ſous la conduite de l'adjudant-général Chambertin ; encore même ces deux mille hommes n'avoient point pour la plupart des fuſils de munition.

Comme la ville de Craon ſe trouve commandée de tous côtés par la campagne ; comme on n'y avoit pas fait encore un ſeul ouvrage pour réſiſter à une première aggreſſion ; comme enfin il étoit à craindre que l'armée n'y manquât de pain, j'avois été d'avis, en y arrivant, de marcher de ſuite vers Segré, & d'y rallier, s'il étoit poſſible, la grande armée (1), puiſque nous n'avions pu le faire à Château-Gontier. J'inſiſtai avec d'autant plus d'opiniâtreté ſur cette dernière détermination, que, ſi d'un côté notre petite armée pouvoit du moins, pour quelques inſtans, protéger le Craonnois, où il y avoit en effet beaucoup de malveillans, il lui étoit impoſſible, d'un autre côté, d'empêcher l'ennemi de ſe porter ſur quelque ville d'une importance majeure, telle que Rennes qui ſe trouvoit alors ſans défenſe. J'étois perſuadé enfin que, pour attaquer avec quelque avantage un ennemi dont les forces étoient au moins de quatre-vingt mille hommes, & qui ſe battoit toujours en maſſe, il

---

successivement, leurs commandans persistèrent à rester dans la Vendée, aimant mieux s'y livrer au pillage, que de venir se battre avec nous.

(1) Cette armée ne fut point à Ségré. Elle bivaqua seulement aux environs du Lion-d'Angers, petite ville à deux lieues de Segré.

falloit lui opposer une nombreuse armée, ce que nous aurions pu faire aisément, en nous réunissant à celle qui venoit d'être battue à Laval, & qui, disoit-on, étoit de vingt à vingt-cinq mille hommes. Mais les représentans du peuple La-Vallée & Méaule, qui étoient alors à Craon, ayant voulu qu'on attendît l'ennemi dans cette ville, le général Olagner fit les dispositions qu'il jugea nécessaires pour le bien recevoir.

Le poste de Cossé, qui est à deux lieues & demie de Craon, sur la route de cette ville à Laval, n'étoit défendu que par deux cents hommes. Le général Olagner sentit que ce poste pouvoit aisément être enlevé, & vouloit qu'il se reployât sur Craon; mais les mêmes représentans, dont j'ai parlé, s'y étant opposés, Olagner se contenta d'y envoyer, le lendemain, trois ou quatre cents hommes du bataillon de la Somme avec deux pièces de canon, qui, comme nous l'apprîmes malheureusement une heure avant d'être attaqués nous-mêmes par les brigands, ne purent leur opposer qu'une vaine résistance.

Olagner s'attendoit à être attaqué le troisième jour de son arrivée à Craon, & il le fut en effet; mais par tant de points différens & avec tant de promptitude & de vigueur, qu'après avoir résisté au premier choc de l'ennemi, nos troupes, accablées par le nombre, eurent bien de la peine à gagner la route de Nantes qui devoit leur servir de retraite. L'ennemi avoit tellement pris ses dimensions, que, trois minutes plus tard, il eût été impossible aux dragons du seizième régiment, au bataillon de Gemmappé & au quatorzième de la Charente de joindre le reste de l'armée (1).

Arrivés sur la route de Nantes, toutes nos troupes furent rangées sur deux colonnes, pour pouvoir se mettre plus rapidement en bataille, ou pour faire feu des deux côtés du chemin, supposé qu'on vînt à être cerné par l'ennemi. On avoit jetté aussi, à droite & à gauche dans les champs, des tirailleurs qui devoient protéger les flancs de nos colonnes, & empêcher qu'elles ne fussent attaquées à l'improviste.

Nous marchions dans cet ordre, lorsque les rebelles placèrent dans la cour du château de Craon, une pièce de douze qui devoit balayer toute la route de Nantes. On vint nous dire, en même-tems, de nous hâter de dépasser une petite rivière, & d'y attendre en bataille l'ennemi. Il se fit alors un mouvement désordonné dans l'armée, chacun voulant éviter le feu du canon. C'est alors que j'appliquai quelques coups de plat de sabre à plu-

(1) Olagner qui, comme je l'ai dit, s'attendoit à être attaqué ce jour là, avoit fait préparer des voitures pour le transport de quelques brigands ou gens suspects détenus dans les prisons de Craon. Mais le représentant du peuple La-Vallée ordonna qu'on les fusillât; ce qui fut ponctuellement exécuté. Cet acte d'une extrême rigueur ou plutôt d'inhumanité, dut être funeste à ceux des nôtres qui, dans cette retraite précipitée, n'ayant pu joindre l'armée, tombèrent au pouvoir des brigands.

ſieurs fuyards qui avoient jetté leurs fuſils (1) & leurs havreſacs pour courir plus vîte, & que je préſentai même le piſtolet à la gorge de quelques-uns d'entr'eux; mais ces menaces furent inutiles.

Pendant cette confuſion, la cavalerie ennemie ſe préſenta ſur le chemin à une demi-portée de canon. Mais le général Olagner ayant eu le tems de placer ſur la ſeconde hauteur deux pièces de canon qui furent très-bien ſervies, la força de reculer; il gagna enſuite la troiſième hauteur, puis la quatrième, en faiſant ſur l'ennemi un feu qui l'obligea enfin d'abandonner la partie. Telle étoit la frayeur de la plupart de nos ſoldats, qu'ils prenoient le bruit de notre canon pour celui de l'ennemi, de ſorte qu'ils doubloient le pas à chaque décharge.

Nous avions fait ainſi environ deux lieues, lorſque je propoſai aux grénadiers de Dillon & au vingt-neuvième régiment, qui étoient à la tête de la colonne, & dont les fuyards avoient rompu les rangs, de ſe mettre ſur deux lignes; ils obéirent auſſi-tôt, & leur exemple fut ſuivi du reſte de l'armée qui arriva en très-bon ordre à Pouancé.

Je rendrai au général Olagner la juſtice de dire qu'il reſta conſtamment à la queue de la colonne, avec un petit détachement de dragons & les deux

---

(1) J'apperçus, dans cette occasion, le commandant du bataillon du Loir chargé de sept à huit fusils qu'il venoit de ramasser. *Vous voyez, commissaire*, me dit-il en passant devant moi, *que, si dans notre armée, il y a des lâches qui jettent leurs fusils, il y a aussi de braves gens qui les ramassent.*

pièces de canon dont (1) j'ai parlé, pour protéger la retraite. J'ajouterai même qu'il portoit lui-même les gargousses aux canonniers, & qu'il ne reparut à la tête de la colonne, que lorsque l'armée fut parfaitement ralliée.

Quant à l'adjudant-général Chambertin, qui, avant lui, commandoit à Craon, et auquel quelques intrigans avoient voulu attribuer l'honneur de cette retraite, j'avouerai franchement qu'il ne fit autre chose que de se tenir à la tête de la colonne, (2) & d'encourager ainsi les fuyards par son exemple. Moi seul je ralliai l'armée dans cette occasion ; je fus ensuite aidé par un capitaine de hussards, nommé *Lacour*, alors adjoint du général Olagner, à qui il prit une extinction de voix, à force de crier aux fuyards de s'arrêter.

Nous ne trouvâmes à Pouancé aucun officier municipal, de sorte que n'ayant pu en partant de Craon, emmener avec nous aucune espèce de provision de bouche, nous eûmes bien de la peine à nous procurer ce qui nous étoit absolument nécessaire.

---

(1) Celui qui commandoit les deux pièces de canon qui protégèrent la retraite, est un citoyen de Paris, nommé Bedouet, sous-lieutenant de la seconde compagnie du parc d'artillerie de l'armée de l'Ouest. Il faut que tous les braves gens soient connus.

(2) Je me rappelle que le voyant à la tête de la colonne, comme s'il ne fut pas maître de son cheval, je lui dis en plaisantant : *général, votre cheval est bien fougueux,*

Je soupai donc très-légèrement, & je reposois sur une chaise à côté du général Olagner, lorsque sur les deux heures après minuit, l'adjudant-général Chambertin, étant entré dans notre chambre, vint nous dire que l'ennemi n'étant éloigné que de quatre lieues de nous, pourroit bien nous surprendre de grand matin, & qu'il lui paroissoit convenable de mettre, entre lui & nous, une plus grande distance. Soit que ce fut là son intention, soit que Chambertin lui en eût fait naître l'idée, Olagner fit aussi-tôt battre la générale, & nous partîmes pour Château-Briand.

Nous y trouvâmes les mêmes représentans du peuple, Lavalée & Méaule, qui voulurent engager Olagner à y attendre l'ennemi. Mais ce général ne trouvant pas sans doute la place (1) tenable, & ne sachant d'ailleurs comment substanter son armée dans une petite ville où il devoit y avoir nécessairement peu de provisions, persista à vouloir se rendre à Rennes, qui, dans ce moment, pouvoit être menacé.

---

(1) Deux représentans du peuple, Phelippeaux et Choudien, ont parlé fort diversement de la conduite d'Olagner à Craon et à Château-Briand; je n'approfondirai point leurs motifs; je me contenterai seulement d'observer que, de toute la garde nationale de cette dernière ville, nous ne pûmes emmener avec nous à Rennes, que quinze hommes environ, en y comprenant le porte-drapeau, qui fut même renvoyé en chemin sous prétexte d'aristocratie.

Nous

Nous nous mîmes donc en marche pour cette ville, après que notre armée se fut un peu rafraîchie. Par-tout où nous passions, on nous disoit qu'on avoit apperçu de grands rassemblemens de brigands, qui sûrement nous attaqueroient avant que nous puissions arriver à Rennes.

Comme les habitans de ces contrées ne sont pas fort renommés pour leur patriotisme, je crus qu'ils ne faisoient courir de pareils bruits que pour nous empêcher de secourir Rennes, qui, n'ayant aucune espèce de garnison, se trouvoit absolument sans défense.

Je marchois donc dans cette confiance, au centre de la colonne, lorsque je la vis tout-à-coup s'arrêter. Nous pouvions être alors à une lieue ou à une lieue & demie de *Cornu* où nous devions coucher. Surpris de ce mouvement qu'Olagner n'avoit point commandé, j'en demandai la raison. On me répondit que des gendarmes qu'on avoit envoyés à la découverte, venoient de rapporter que nous allions être coupés par les brigands à une lieue environ de l'endroit où nous nous trouvions.

Ce sont des lâches, dis-je, qui ont peur de leur ombre, au surplus, nous n'avons que deux partis à prendre, ou d'aller à Nantes par des chemins de traverse que nous ne connoissons pas, & par où il sera difficile de faire passer nos canons; ou de marcher droit à Rennes, en passant sur le corps des ennemis, supposé qu'ils veulent nous en couper les chemins; dans le premier cas, nous pouvons être attaqués en queue par les brigands, & être mis facilement en déroute : dans le ſecond, nous les déconcerterons peut-être par cette démarche hardie.

Je me mets donc à la tête de la cavalerie, réſolu de vaincre ou de mourir. J'étois entre un nommé Doncheri, maréchal-des-logis en chef du ſeixième régiment de dragons, & un capitaine de huſſards, appelé *Lacour*, le même qui m'avoit aidé à rallier l'armée à la retraite de Craon. Je nomme avec complaiſance ces deux braves gens, parceque dans cette occaſion, ainſi que dans toutes celles où je me ſuis trouvé avec eux, ils ſe ſont montrés en vrais républicains.

J'ai auſſi des éloges à donner aux chaſſeurs des Ardennes, & à un détachement du bataillon de Gemmappe, commandé par Giller & Fontaine, deux bons belges de mes amis, qui nous ſervoient d'*éclaireurs*, & qui, après les premiers coups de feu, devoient ſe reployer derrière nous pendant que nous fondrions au grand galop ſur l'ennemi.

Le rapport que nous avoient fait les gendarmes, étoit de la plus grande fauſſeté, car nous arrivâmes tous à Cornu, ſain & ſauves, n'ayant éprouvé d'autre accident que celui d'être bien mouillés ; je l'aurois été plus qu'un autre, ſans un dragon du ſeixième régiment, qui, me voyant ſans manteau & grelotant de froid, eût pitié de moi, & me prêta le ſien. Je voudrois connoître le nom de ce brave homme là, pour le recommander à votre reconnoiſſance.

Mais, ſi les gendarmes nous en avoient impoſé

dans leur rapport ſur les intentions de l'ennemi, je ne m'étois pas trompé dans mes conjectures ſur le patriotiſme des lieux que nous avions parcourus ; car nous ne trouvâmes à Cornu, d'autres fonctionnaires publics, que le maire & le commandant de la garde nationale, qui nous avouèrent ingénument être les ſeuls patriotes de l'endroit.

Ce défaut d'officiers publics nous mît dans le plus grand embarras pour nous procurer des logemens, les ſoldats ſe jettant en foule dans les maiſons pour éviter la pluie qui tomboit à grands flots, & étant obligés, pour la plupart, de parcourir tout le village avant de trouver un abri. Enfin le tems étoit ſi affreux, que nos officiers-généraux le regardant ſans-doute comme un des plus forts obstacles contre la pourſuite des brigands, ne prirent, pour ſe défendre d'une ſurpriſe, aucune des précautions d'uſage.

Le défaut de vivres nous rendit auſſi le ſéjour de ce village infiniment déſagréable, de ſorte que nous ne nous fîmes pas prier le lendemain matin pour nous rendre à Rennes, que nous trouvâmes dans la plus grande conſternation. Tous les citoyens y étoient occupés à couper les arbres des environs de la ville, & à faire des retranchemens. Ce n'étoit pas ſans raiſon, car les brigands, maîtres de Laval & de Château-Gontier, & n'ayant rien à craindre de notre grande armée qu'ils avoient miſe en déroute & chaſſée, pour ainſi dire, juſques aux portes d'Angers; pouvoient venir droit à Rennes ſans éprouver d'autre obſtacle, que la petite ville de Vitré, qui ne les auroit pas long-tems retenus.

Ce qui avoit encore augmenté cette consternation, c'étoit le bruit qu'on y avoit répandu de notre déroute à Craon, sans dire la cause qui l'avoit occasionnée ; car on auroit vu que ce n'étoit qu'une retraite précipitée qui avoit toujours été protégée par notre canon. Ce bruit, bien ou mal fondé, engagea Olagner à se transporter au département, pour y raconter les choses comme elles s'étoient passées, & rassurer ainsi les esprits.

Ce qui est bien certain, c'est que si Olagner, attaqué par vingt-cinq mille hommes, à la tête desquels étoit Laroche-Jaquelain, se fut obstiné à se battre plus long-tems dans Craon, qui n'avoit aucun moyen de défense, il auroit indubitablement perdu toute son armée, sans aucune utilité pour la république. La plus grande faute qu'ont fait les généraux qui ont dirigé nos opérations militaires dans la guerre de la Vendée, c'est d'avoir disséminé leurs armées sur plusieurs points différens, & de s'être ainsi laissé battre en détail.

Rossignol, général en chef des armées des côtes de Brest, au lieu de rassembler une armée capable de résister aux brigands, étoit alors avec onze cens hommes à Château-Giron. Il avoit placé deux ou trois mille hommes à Vitré, & trois ou quatre mille entre Fougères & Ernée. Tous ces petits corps d'armée, trop séparés l'un de l'autre pour se prêter du secours au besoin, devoient être successivement battus, comme ils le furent en effet.

Il y avoit quatre jours environ que nous étions à Rennes (1), lorsque ſur les deux heures après minuit, on vint avertir Olagner, de la part des repréſentans du peuple, de ſe rendre ſur-le-champ chez Roſſignol, qui venoit d'arriver dans cette ville, & chez lequel etoient déjà aſſemblés tous les autres généraux & toutes les autorités conſtituées.

Cette convocation extraordinaire qui ne pouvoit avoir lieu, à moins que Rennes ne fut dans un danger évident, m'engagea à ſuivre Olagner chez le géneral en chef, qui nous apprit ce à quoi je m'attendois bien, c'eſt-à-dire, la défaite entière des troupes qu'il avoit placées entre Ernée & Fougères. La frayeur des ſoldats avoit été ſi grande, que, quoique le combat n'eût commencé la veille qu'à cinq heures du ſoir, pluſieurs étoient arrivés à Rennes à deux heures du matin, ayant ainſi fait huit à neuf lieues en neuf heures, par une pluie affreuſe & par des chemins déteſtables.

J'appris ce jour-là même, du commandant de la garde nationale du diſtrict de Fougères, & de celui du dix-neuvième régiment des chaſſeurs, les principales particularités de ce combat, que vous ſerez peut-être bien aiſes de ſavoir.

Il n'y avoit, comme je vous l'ai déjà dit, entre Ærnée & Fougères, que quatre mille hommes tout au plus, tant de troupes de ligne que de gardes nationales : de ces quatre mille hommes, il n'y en

---

(1) C'étoit le quatorze brumaire.

avoit guères que quinze cens sur lesquels on pût raisonnablement compter. Ces deux villes étant distantes de quatre lieues l'une de l'autre, on avoit établi des postes intermédiaires, notamment dans un lieu appelé *la Pélerine*, & un autre nommé *la Chatenerai*, autant que je puis m'en souvenir.

Les chasseurs du dix-neuvième régiment qui étoient à Ernée, devoient, en cas de malheur, se reployer successivement sur ces deux lieux, & de là sur Fougères; mais voyant que les brigands fuyoient devant eux, ils se laissèrent emporter par leur ardeur, s'éloignèrent trop des corps qui devoient les protéger, & se laissèrent ainsi cerner par l'ennemi. Sur sept à huit cents hommes dont étoit (1) composé ce brave régiment, cinq cents environ restèrent sur le champ de bataille; les autres se reployèrent sur Fougères, où ils jettèrent l'épouvante.

Quant au corps d'armée qui devoit protéger Fougères, il étoit composé du bataillon de la Côte-d'Or, de ceux du Calvados & de la Réu-

---

(1) Le lendemain de l'affaire d'Ernée, je déjeunai chez le général Olagner, avec le commandant du dix-neuvième régiment de chasseurs et un officier de ce même régiment, nommé Guérin. Ils s'accordèrent tous deux à dire que sur sept à huit cents hommes dont leur corps étoit composé, il n'en étoit revenu que cent quatre-vingts, tant officiers que soldats. Voilà un fait que le représentant du peuple Phelippeaux a soutenu dans son mémoire, et que le représentant du peuple Choudieu a nié dans le sien.

nion, & de quelques gardes nationales, auxquelles il faut ajouter les canonniers du Contrat-Social, qui se montrèrent très-bien dans cette affaire.

Ces canonniers avoient établi leurs batteries sur la principale route, & le reste de l'armée étoit rangé en bataille des deux côtés. A droite & à gauche étoient des chemins de traverse, sur lesquels on avoit jetté des abbatis d'arbres, afin de n'être pas cerné par la cavalerie ennemie. On avoit voulu aussi mettre aux deux aîles, des tirailleurs qui refusèrent de se battre autrement qu'en masse.

Ce refus fut cause qu'une partie des rebelles passa par ces chemins de traverse, & entra dans la ville, pendant que les autres nous attaquoient de front. Notre armée soutint pendant quelque tems leur choc, graces aux canonniers du Contrat-Social; mais lorsqu'elle eût appris que les chasseurs du dix-neuvième régiment avoient été taillés en pièces, elle prit l'épouvante & se retira en désordre à Fougères, dont une partie des brigands venoit déjà de forcer les prisons. Elle se dispersa ensuite dans différens endroits; plusieurs des fuyards vinrent tout d'une traite à Rennes, d'autres furent à Vitré, d'autres se rendirent à Avranches; quelques-uns, comme cela arrive toujours dans une déroute, jettèrent leurs armes, leurs havresacs, & jusqu'à leurs certificats de civisme. J'ajouterai une circonstance essentielle, & que je ne dois point oublier, c'est que notre armée n'avoit point de cavalerie ; cette circonſtance devoit naturellement rendre la déroute plus complette.

Comme on avoit lieu de craindre que les brigands ne marchaſſent à la pourſuite des fuyards, dont la plupart avoient pris la route de Rennes ; on agita chez Roſſignol, la queſtion de ſavoir ſi on iroit fièrement à leur rencontre, ou si on les attendroit de pied ferme, en bataille aux portes de la ville. On ne fit ni l'un ni l'autre.

Inſtruit enfin par ces revers, Roſſignol qui, ignorant ſans-doute le nombre & la force de nos ennemis, avoit trouvé fort mauvais que nos petites armées ne ſe laiſſaſſent pas hacher les unes après les autres, fit reployer le lendemain ſur Rennes, toutes les troupes qui pouvoient ſe trouver à Château-Briand, Vitré, &c., & en forma une armée aſſez reſpectable qu'il diſpoſa ſur toutes les avenues par où l'on pouvoit être attaqué par l'ennemi. C'étoit le parti le plus ſage, car ſans cela, nous n'étions pas de force à nous meſurer avec lui (1).

Au reſte, ces diſpoſitions étoient inutiles, car les brigands, du moins pour le moment, n'avoient point envie de s'emparer de Rennes ; leur intention étoit ſeulement de ſe rendre à Grand-Ville, où, comme nous ne l'avons appris que trois mois après,

---

(1) Le représentant du peuple Phelippeaux a blâmé cette opération de Rossignol. C'est pourtant une des meilleures de ce général. Il faut être juste, même à l'égard de ses ennemis.

le comte de Moyra, après avoir manqué son expédition de Noir-Moutier, devoit se rendre, avec une flotte anglaise, pour attaquer cette ville par mer, tandis qu'elle seroit assiégée par terre.

On apprit le lendemain que les brigands se portoient sur Port-Malo, pour se ménager une communication avec la mer, de sorte qu'on se tint moins sur ses gardes, & qu'on fit même partir pour cette ville, environ quinze cents hommes qui devoient en fortifier la garnison: mais des cavaliers qu'on avoit envoyés à la découverte, étant venus annoncer, pendant la nuit, au général Rossignol, que l'avant-garde des rebelles étoit entrée à Saint-Aubin du Cormier, petit bourg à quatre lieues de Rennes; on fit aussi-tôt prendre les armes à toute la garnison que l'on disposa par-tout où l'on pouvoit craindre l'approche de l'ennemi.

Quoique cette nouvelle nous fut parvenue au milieu de la nuit, c'est-à-dire, dans un tems où presque tous les soldats étoient dispersés dans la ville, on vint à bout néanmoins de les rassembler sans tambour ni trompette, de peur d'effrayer les habitans; on fit aussi reployer sur Rennes, les quinze cents hommes qu'on avoit envoyés à Port-Malo.

On s'attendoit que l'ennemi nous attaqueroit à la pointe du jour, mais il ne parut pas de toute la journée, ce qui me fit croire qu'il n'avoit fait semblant de se porter sur Port-Malo, qu'afin de nous engager à faire revenir à Rennes, les troupes que nous avions envoyées à Port-Malo, & éprouver ainsi moins de résistance dans l'attaque de cette place. Ma conjecture n'étoit point dénuée de fondement, car d'autres cavaliers qui s'avancèrent le lendemain à la pointe du jour jusqu'à Saint-Aubin, nous rapportèrent que les brigands avoient totalement évacué ce bourg.

Ils l'avoient évacué en effet, pour marcher sur Grandville dont ils avoient formé le dessein de s'emparer, en partant de la Vendée. Quoiqu'on fut instruit de leur marche, on ne laissa point de faire repartir pour Port-Malô les troupes qu'on en avoit fait revenir, parce que cette ville se trouvoit également menacée.

L'armée des Côtes de Brest étoit alors d'environ dix-huit mille hommes, dont dix mille de disponibles & avec lesquels Rossignol auroit pu marcher à la poursuite des brigands; mais ce général qui, auparavant, s'étoit plu à morceller son armée, ne se trouvant pas sans doute alors assez fort pour attaquer les brigands avec quelque avantage, crut devoir attendre l'armée (1) qui étoit partie d'Angers sur deux colonnes, l'une par le Lion, l'autre par la Flèche, lesquelles colonnes devoient se réunir à Laval.

Cette armée, au-devant de laquelle avoit été Rossignol, avec le représentant du peuple Po-

(1) Cette armée étoit forte d'environ douze mille hommes.

cholle (1), n'arriva à Rennes, que le 25 brumaire; c'est-à-dire, neuf à dix jours après que nous avions appris que les brigands se portoient sur Port-Malo, ou sur Grandville. Vous sentez bien que, dans ce long intervalle, les brigands avoient eu bien le temps de faire de grandes choses.

Heureusement que le génie de la liberté combattit pour nous dans cette occasion, & que les brigands n'ayant point été secourus, comme ils s'attendoient à l'être par le comte de Moyra, furent obligés d'abandonner honteusement le siège de Grandville, après avoir perdu beaucoup de monde.

Il ne s'agissoit plus que de les attaquer, à leur retour, avec toutes nos forces, pendant qu'ils seroient poursuivis par l'armée des Côtes de Cherbourg, qui étoit alors sous le commandement de Sepher; mais on crut devoir attendre encore un jour, sous prétexte de faire reposer l'armée qui étoit venue d'Angers, après quoi toutes les troupes qui étoient à Rennes, se mirent en mouvement pour Antraim, d'où elles devoient se rendre à Avranche.

Le général Olagner que j'avois suivi jusqu'à ce

(1) C'est ce représentant qui avoit été envoyé, en qualité de commissaire avec Carrier, dans les départemens d'Ille et Vilaines, des Côtes du Nord, du Morbihan, du Finisterre et de la Loire-Inférieure.

jour, ayant été, je ne sais pourquoi, (1) suspendu provisoirement de ses fonctions par les représentans du peuple qui étoient alors à Rennes, je m'attachai au général Marsau, avec lequel je venois de faire connoissance par le moyen de Delage, son intime ami & le mien, que je n'avois point vu depuis mon départ de S. George, & que je revis à Rennes, avec le plus grand plaisir.

Nous partîmes ensemble de Rennes, sur les quatre heures du soir, précédés de quelques autres colonnes commandées par Chambertin, Bougret, &c. qui s'étoient mises en mouvement dès les huit heures du matin, & nous arrivâmes sur le minuit à S. Aubin du Cormier, petit bourg aux environs duquel on fit bivaquer l'armée. Le général Marsau devant se rendre le lendemain de grand matin à Antraim, pour assister à un conseil de guerre qui devoit s'y tenir à neuf heures précises, je ne crus pas devoir le suivre, parce qu'étant sans manteau, je voulus attendre qu'une pluie très-froide qui tomboit alors eût cessé.

J'attendis vainement, de sorte que toute sa division étoit déjà à plus de deux lieues de moi, lorsque perdant patience, je me mis en marche sans être accompagné, comme à mon ordinaire,

(1) C'étoit peut-être à cause de l'affaire de Craon, qui cependant fait honneur à ce général, ainsi que je crois l'avoir prouvé.

par mes deux ordonnances; parce qu'il n'y avoit point de gendarmes dans la division de Marsau.

C'est alors que, pour la première fois, je m'apperçus du vice de mon cheval qui étoit des plus rétifs. Je n'avois pu m'en appercevoir plutôt, parce qu'auparavant ayant toujours été accompagné de deux gendarmes, mon cheval ne faisoit pas difficulté de suivre, pourvu qu'il ne les perdit pas de vue.

Ce ne fut donc pas sans beaucoup de peine que j'arrivai à Antraim, où je trouvai l'armée dans le plus grand désordre; la confusion étoit telle, que plusieurs soldats passèrent, sans le savoir, d'une colonne dans une autre. Moi-même je perdis celle à laquelle je m'étois attaché, parce que, arrivée à Antraim, elle avoit été obligée de rebrousser chemin, & de s'établir dans un village nommé *Tremblay*, qui est à une lieue de cette ville. Je ne la rejoignis que le lendemain au soir, après avoir été reconnoître la plupart des autres colonnes, que je trouvai sur le chemin de Fougères. L'adjudant-général Chambertin, qui avoit reçu ordre de se porter à Pontorson, avec la brigade qu'il commandoit, étant tout-à-coup revenu sur ses pas, fut la principale cause de cette confusion.

J'appris de plusieurs généraux, soit à Antraim, soit à Tremblay, que les brigands avoient été fort maltraités à Grandville, desorte que je me rejouissois d'avance d'achever de les exterminer avec notre armée.

Je me couchai dans cette douce confiance, lorsque je fus éveillé à minuit par la générale ; j'en demandai la raison, & l'on me dit que les brigands ayant échoué devant Grandville, étoient venus droit à Pontorson, dont ils s'étoient rendus maîtres après avoir taillé en pièces la garnison qui y étoit & lui avoir enlevé tous ses canons & tous ses drapeaux.

C'étoit bien la faute de nos généraux. En effet, toute l'armée devoit se rendre d'Antrain à Avranche, pour y attaquer les brigands que l'on croyoit en déroute. Trois chemins y conduisoient, celui de Pontorson, celui de St,-James & celui de Fougères. Le premier étoit le plus court de tous, & le dernier le plus long ; c'étoit même, s'il m'est permis de me servir de cette expression, *le chemin de l'école.* Eh bien : ce fut précisément celui-là que l'on choisit, pour faire filer nos colonnes sur Avranche. L'adjudant - général Chambertin, qui commandoit une des avant-gardes de l'armée, eut seul ordre de prendre la route de Pontorson ; encore même, comme je l'ai déjà dit, ne tarda-t-il pas à revenir sur ses pas & à suivre les autres colonnes, sous prétexte que le pont, qui étoit sur la route de Pontorson à Avranche, étoit coupe, de sorte que, par ce moyen, l'avant - garde devint l'arrière-garde.

Qu'arriva-t-il de là ? C'est que l'ennemi, instruit

de cette marche rétrograde, & sachant d'ailleurs que le reste de l'armée avoit pris le chemin de l'école, ou étoit stationné à Antrain, marcha hardiment sur Pontorson, qu'il prit malgré les efforts de la garnison qui se battit pendant cinq heures; le combat ayant commencé à trois heures & demie du soir, & n'ayant fini qu'à huit heures & demie.

Ce qu'il y a de remarquable, c'est qu'aussi-tôt qu'on eut vent à Pontorson de la marche des ennemis, on dépêcha plusieurs ordonnances au quartier-général qui étoit à Antrain; mais on n'y eut aucun égard.

Ce ne fut qu'à minuit que deux cents hommes environ (1) de cette malheureuse garnison, qui avoient échappé au carnage, & qui étoient venus se refugier à Antrain, annoncèrent la nouvelle trop certaine de la prise de Pontorson & de la défaite de la petite armée qui avoit voulu défendre cette ville. On fit donc battre la générale, non pour aller au-devant de l'ennemi, mais pour se retrancher à Antrain, comme s'il eût déjà été sur nos bras. La frayeur fut même si grande, qu'on dépêcha aussitôt plusieurs ordonnances pour y faire revenir toutes les colonnes qui avoient pris la route de Fougères.

---

(1) On traita de lâches ces braves gens à leur arrivée à Antrain, et on leur refusa toute espèce de nourriture. Mais on apprit, le lendemain, qu'ils s'étoient bien battus, malgré qu'ils eussent été abandonnés de leurs chefs, et qu'ils avoient eu plus de quattre cents blessés.

Cependant l'ennemi, au lieu de venir à Antrain, comme il auroit pu le faire, fut à Dol dont il n'eut pas de peine à s'emparer. C'étoit donc là que nous devions porter toutes nos forces, & ce fut de ce côté là qu'on parut les diriger.

Je croyois & j'avois lieu de croire que les différentes colonnes qui étoient parties d'Antrain, attaqueroient simultanément l'ennemi, & nous procureroient une victoire certaine ; point du tout, elles agirent séparément, & de là les honteux revers que nous devions éprouver & que nous éprouvâmes en effet.

Le général Marigni, qui étoit posté à Sacé avec environ quinze-cents hommes, dont une grande partie de cavalerie, instruit, dit-on, par un espion, que le camp ennemi étoit mal défendu, & qu'il lui seroit aisé de pénétrer dans Dol, où étoit le trésor des rebelles, entra sur les six heures du soir dans cette ville, après avoir égorgé les avant-postes en répondant : *royalistes*, au cri *qui vive*. Il y entra, dis-je, à la tête de cent cavaliers seulement, sabrant tout ce qu'il rencontra sur son passage, & tuant même, jusques dans les maisons, à coups de pistolet les brigands qui y étoient renfermés, & qui les prenant pour nos anciens déserteurs, leur reprochoient amèrement leur perfidie.

L'erreur des brigands ne fut pas de longue durée ; ils tombèrent de tous côtés sur la troupe de Marigni, qui fut fort heureux de trouver, à la

porte

porte de la ville, le reste de sa cavalerie qui protégea sa retraite.

Le seul avantage que ce général retira de sa belle prouesse, ce fut d'emmener avec lui une grosse guinbarde couverte, traînée par six chevaux & chargée de plusieurs effets de médiocre valeur, parmi lesquels il croyoit trouver le trésor. Il emmena aussi un cabriolet à deux chevaux, qui appartenoit sans doute à un des chefs des brigands, & une charrette à quatre chevaux chargée de bled & de farine. Quant aux six ou huit canons que Westermann prétend avoir pris à Pontorson, & dont on parla dans le temps avec tant d'ostentation à la convention nationale, c'étoient des canons que les brigands y avoient laissés après les avoir encloués, & dont il étoit aisé de s'emparer, puisqu'il n'y avoit personne pour les défendre.

Si Marigni n'eût point laissé à Sacé son infanterie, & s'il eût attendu avant d'entrer dans Dol, que les colonnes commandées par Westermann & par Muller fussent arrivées, il auroit certainement mis en déroute les ennemis qui, se voyant attaqués au-dedans & au-dehors de la ville, n'auroient su de quel côté se tourner & auroient été dans l'impossibilité de se défendre; mais l'envie de s'emparer du trésor, & peut-être de ne le partager avec personne, lui fit devancer le moment de l'attaque, & fut cause qu'il laissa à Sacé son infanterie, de peur qu'elle ne rallentit la marche de sa cavalerie.

Qu'arriva-t-il de là ? c'est que l'ennemi, persuadé que Marigni n'auroit pas eu la hardiesse d'entrer avec si peu de monde dans Dol, s'il n'eût été suivi d'une grande armée, fit toutes ses dispositions pour nous bien recevoir. Il eût tout le temps nécessaire pour cela, car Westermann ne parut à la tête de sa colonne qu'à minuit, ou à une heure après minuit, c'est-à-dire, six à sept heures après que Marigni étoit entré dans Dol.

Westermann de son côté fit une grande faute, en n'attendant pas la colonne de Muller, qui n'arriva qu'à quatre heures du matin, & sur-tout en commençant le feu, avant d'avoir rangé tout son monde en bataille; de sorte que l'ennemi lui ayant répondu par une décharge générale, lui tua beaucoup de braves soldats, pendant qu'ils se mettoient en ligne.

Leur courage néanmoins leur fit soutenir le feu pendant trois ou quatre heures, c'est-à-dire, jusqu'à l'arrivée de Marsau, qui eut le bonheur de les rallier, car ils commençoient à plier. Il s'engagea alors un nouveau combat où nos troupes montrèrent beaucoup de vigueur, mais l'ennemi ayant cessé tout-à-coup son feu, Westermann & Marsau croyant qu'il avoit été mis en fuite, cessèrent de leur côté le leur; ils s'étoient lourdement trompés l'un & l'autre, l'ennemi profita de leur erreur pour prendre une position plus favorable, & pour les attaquer ensuite avec tant de violence, qu'ils furent obligés de se reployer jusqu'à une ou deux lieues d'Antraim.

Je n'entrerai point dans de plus grands détails au sujet de cette affaire, à laquelle je ne pus malheureusement assister, à cause du vice de mon cheval, en ayant inutilement demandé un de réquisition à la municipalité d'Antraim, & n'ayant pu non plus obtenir des généraux, à qui je m'adressai, d'ordonnances pour m'accompagner.

Tout ce que je puis assurer, c'est que, quoique ces détails ne soient pas absolument conformes à ceux qu'a donné Westermann sur la même affaire, dans le mémoire qu'il a présenté au comité de salut public, il s'ensuit néanmoins de sa relation & de la mienne, que le succès de ce combat auroit été décisif, si, comme on en étoit convenu sans doute, les généraux eussent agi simultanément & de concert (1).

J'aurois aussi bien desiré pouvoir me trouver à celui qui eût lieu le lendemain, mais je fus encore obligé de rester à Antraim, occupé à observer les retranchemens qu'on avoit faits sur les deux côtés de cette ville qui donnent sur les deux

(1) L'armée des côtes de Cherbourg, qui étoit alors sous le commandement de Seffer, auroit pu agir dans cette affaire; mais elle resta constamment à Avranche. Il y avoit aussi à Dinan une armée qui ne fit aucun mouvement.

routes de Dol & de Pontorson. Quelques bataillons placés derrière ces retranchemens devoient, en cas de malheur, protéger la retraite de nos troupes; mais ainsi qu'on le verra ci-après, ces retranchemens ne servirent à rien, non plus que deux pièces de canon dont les feux se croisoient sur le pont de la route de Dol, & dont j'avois été reconnoître la position avec le général Canuel.

La maison que j'avois choisie à Antraim pour mon logement, étoit précisément la première qui se présente sur la route de Dol; comme je n'avois rien de mieux à faire (1), je fus curieux d'aller voir les retranchemens qu'on avoit faits la veille, & je n'y trouvai personne, il pouvoit être alors quatre heures & demie du soir; surpris de cet abandon, je fus du côté opposé de la ville, & je trouvai sur la route de Fougères, une partie de l'armée qui s'étoit battue la veille.

La position de ces troupes qui auroient dû être aux retranchemens, me fit soupçonner quelque grand revers de la part de l'armée qui, en ce moment, étoit aux prises avec les brigands, puisqu'on ne voyoit point la possibilité de défendre, à ces derniers, l'entrée d'Antraim, ni celle de protéger la retraite de notre armée.

Pour vérifier mes soupçons, je m'adressai à

(1) Je venois de vous écrire les détails de la dernière affaire, tels qu'ils m'avoient été racontés par quelques officiers supérieurs de l'armée de Mayence, que leurs blessures avoient obligés de se retirer à Antraim.

différentes personnes qui, toutes, s'obstinèrent à garder le silence sur cette malheureuse affaire; enfin, à force de perquisitions, j'appris que notre armée avoit été mise en déroute par la faute de l'adjudant-général Chambertin, qui commandoit l'avant-garde, & qui, s'étant avancé, sans canon, contre un ennemi qui en étoit abondamment pourvu, avoit été obligé de se reployer en désordre sur les colonnes qui le suivoient; celles-ci après avoir soutenu quelque temps le feu, avoient été mises en déroute par les brigands qui, disoit-on, étoient aux portes d'Antraim (1).

On ne m'avoit pas trompé, car, à peine avois-je eu le temps de gagner mon logement & de monter à cheval, que j'entendis les coups de canon que l'ennemi tiroit sur les fuyards qui entroient en foule dans la ville : heureusement pour moi, qu'ayant vu passer un détachement des chasseurs de Beisser, je me mêlai avec eux, sans quoi j'aurois été fort embarrassé de ma personne, avec un cheval rétif, qui, comme je l'ai déjà dit, reculoit le plus souvent au lieu d'avancer.

Je trouvai sur mon chemin, les caissons de

(1) Une très-grande faute que l'on fit aussi, ce fut de placer la cavalerie dans des chemins creux et étroits, où un cheval pouvoit à peine se retourner. Je vis à Rennes, le lendemain, l'officier qui, à la tête de douze hussards du septième régiment, avoit protégé la retraite d'Antraim. Ce brave homme se nomme Poncelet. Il avoit le crâne fracassé d'une balle qu'il avoit reçue dans cette occasion.

l'armée qui avoient déjà pris la route de Rennes ; ils étoient précédés d'une grande quantité de charrettes chargées des soldats qui avoient été blessés la veille, & qui étoient au moins au nombre de six cents. J'ignore s'il y en eût beaucoup dans la dernière affaire ; tout ce que je puis dire, c'est que notre retraite ayant été très-précipitée, ils ont dû tomber entre les mains de l'ennemi, ainsi que ceux de nos gens qui, excédés de fatigue & de faim, remplissoient les cabarets d'Antraim, lorsqu'il s'en rendit maître.

Il étoit six heures environ du soir, lorsque je partis d'Antraim, & une heure & demie après minuit, lorsque j'arrivai à Rennes : j'y fus bientôt uivi de toute l'armée qui s'y rendit par égreneaux, comme cela arrive dans les grandes déroutes.

Jugez de la consternation de cette ville, lorsqu'elle vit arriver dans cet état, une armée dont elle avoit espéré les plus brillans succès ! Cette consternation fut si grande, que si l'ennemi eût voulu poursuivre sa victoire, il seroit entré dans la ville sans presqu'éprouver de résistance ; car, au lieu de se fortifier & de prendre des positions convenables pour se défendre avec avantage, on se contenta de faire sur le chemin par où les brigands pouvoient arriver, de larges tranchées pour rallentir leur marche. On avoit fait filer aussi sur la route de Nantes, les charrettes sur lesquelles étoient nos blessés (1) ainsi que toutes nos provisions de

(1) Il y en avoit plus de douze cents, en y comprenant ceux de Fougères, d'Ernée et de Pontorson.

bouche, & celles de nos munitions qui n'étoient pas absolument nécessaires pour soutenir une première attaque.

Mais l'ennemi, au lieu d'aller droit à Rennes, comme il auroit dû le faire, s'il eût voulu profiter de ses avantages, se porta sur Fougères, ce qui nous donna quelques instans de répit; je dis quelques instans de répit; car, le lendemain, des cavaliers qu'on avoit envoyés à la découverte, nous ayant annoncé qu'il dirigeoit sa marche sur Vitré, on ne donta pas qu'il ne voulut venir à Rennes, & l'on fit battre la générale.

Ce ne fut là qu'une fausse terreur, car nous apprîmes bientôt après qu'il se portoit sur Laval. Je ne doutai point alors que son dessein ne fut d'aller à Angers. Je pris en conséquence la poste pour y arriver plutôt & partager avec vous les honneurs du siège de votre ville, après vous avoir prévenus néanmoins du danger qui vous menaçoit.

Il paroît que nos généraux avoient fait les mêmes conjectures que moi, car, un moment avant que de monter en voiture, je vis partir la division (1) de Boucret, pour Château-Briand.

---

(1) Le représentant du peuple Carrier prétend, dans son rapport, avoir envoyé 1500 hommes au secours d'Angers; et le représentant du peuple Choudieu assure, dans sa réponse à Phelippeaux, que le général Danican s'étoit reployé de Laval sur Angers avec 4000 hommes. Si à ces 5500 hommes de troupes on ajoute la division du général Boucret, la garde nationale

Il étoit environ cinq heures du soir, lorsque je partis de Rennes avec l'adjudant-général Rouyer, commissaire du comité de salut public & du ministre de la guerre, qui y étoit arrivé depuis peu, & avec lequel j'avois fait connoissance (1). Mais les chemins étoient si mauvais & les chevaux si fatigués, que nous ne pûmes arriver à Nantes, que le lendemain sur les six heures du soir.

Après y avoir employé quelques instans à nous rafraîchir, nous nous transportâmes au département, pour en obtenir la permission d'avoir des chevaux. On nous y fit, sur cette malheureuse guerre, plusieurs questions, auxquelles nous répondîmes le plus briévement qu'il nous fut possible, car nous étions infiniment pressés de nous rendre à Angers. Il nous parut, quoique le conseil-gé-

---

d'Angers, quelques dépôts qui se trouvoient dans cette ville, il s'ensuit qu'il y auroit eu une armée de près de douze mille hommes pour soutenir le siège; mais il y en avoit tout au plus la moitié.

(1) Par les conversations que j'eus avec ce commissaire, il me parut qu'on avoit laissé ignorer jusqu'alors au comité de salut public et au ministre de la guerre, la plupart de nos opérations militaires. Je ne sais pourquoi le représentant du peuple Choudieu, dans sa réponse à Phelippeaux, au sujet des deux affaires de Pontorson et de Dol, paroît citer avec complaisance le témoignage de cet adjudant-général, qui n'étoit et qui ne pouvoit être que très-imparfaitement instruit de ces deux affaires, puisqu'il ne venoit que d'arriver à Antraim, lorsqu'elles eurent lieu.

néral fut alors assemblé, que les membres qui le composoient étoient, à cet égard, dans une ignorance des plus profondes (1).

Nous nous flattions d'arriver le lendemain à Angers, mais, faute de chevaux, nous fûmes obligés de rester à Mauves jusqu'au jour : y ayant trouvé douze à quinze voitures qui devoient passer avant nous; nous crûmes n'avoir rien de mieux à faire que de revenir à Nantes, avec un aide-de-camp de Rossignol, que nous avions rencontré à Mauves, & qui, d'après les questions que nous lui fîmes sur la marche de l'ennemi, nous dit que l'on craignoit qu'il ne cherchât à s'ouvrir un passage entre Va-

---

(1) Une des plus grandes erreurs des corps administratifs et des généraux, à l'égard des brigands qui avoient passé sur la rive droite de la Loire, étoit de les regarder comme une bande de fuyards qu'on pouvoit aisément dissiper avec une poignée de monde. De là les revers que nous avions éprouvés, pour ne leur avoir pas opposé des forces assez imposantes. La vérité étoit, comme la suite de cette malheureuse guerre ne l'a que trop prouvé, la vérité, dis-je, étoit que l'armée des brigands étoit très-nombreuse et très-formidable; qu'elle n'avoit point quitté la Vendée pour se dérober aux poursuites de l'armée de Mayence, mais pour assiéger Port-Malo ou Granville par terre, pendant que le comte de Moyra, avec une flotte anglaise, attaqueroit ces deux villes par mer, et qu'ayant manqué leur expédition, ils s'en retournoient dans la Vendée, où ils avoient laissé beaucoup de provisions de bouche et de munitions de guerre.

rade & Ancenis; qu'il ſavoit, à n'en pouvoir pas douter, que le commandant de Varade avoit ordre de faire reployer ſa garniſon ſur Ancenis, ſuppoſé que l'ennemi voulut exécuter ce deſſein, & que celui d'Ancenis avoit ordre pareillement de faire reployer la ſienne ſur Nantes.

Ces nouvelles n'étoient pas infiniment agréables pour un homme qui vouloit ſe rendre à Angers à quelque prix que ce fut; car j'étois perſuadé que les brigands, avant de rentrer dans la Vendée, vouloient s'emparer de notre ville, pour s'y pourvoir de tout ce qui leur étoit néceſſaire; & ce qui m'inquiétoit le plus, c'étoit la crainte où j'étois qu'arrivé à Château-Gontier, ils ne fiſſent paſſer une forte colonne par Candé ou par le Lyon-d'Angers, pour nous attaquer par la porte Saint-Nicolas & la porte Lyonnaiſe, pendant que le reſte de leur armée prendroit la route de Sablé et de la Flèche, afin de nous attaquer ſur tous les autres points.

Je profitai du ſéjour que je fus obligé de faire à Nantes, pour aller voir le général Vimeux & le commandant de la place, & tâcher d'en obtenir de plus grands éclairciſſemens; mais il ne me fut poſſible de voir ni l'un ni l'autre; tout ce que je pus faire, ce fut de parler à l'adjoint de ce dernier, qui me confirma la nouvelle que m'avoit donné l'aide-de-camp de Roſſignol.

Dans cette perplexité, je fus au bureau de la poſte-aux-lettres, pour ſavoir ſi les courriers de Nantes à Angers, n'avoient point été interceptés; on me répondit que bien loin de l'avoir été, tous les courriers de Nantes à Paris, ne prenoient point d'autre route.

Je partis alors avec un peu plus de confiance, pour Angers, où, malgré tous les obstacles que j'avois éprouvés en chemin, j'arrivai trente-six heures avant le siège, c'est-à dire, presqu'en même tems que la division que j'avois vu partir de Rennes, pour Château-Briand.

Ce ne fut pas une médiocre satisfaction pour moi, de voir que les habitans de notre ville, bien loin d'être effrayés à l'approche du danger, sembloient être charmés, au contraire, de trouver cette occasion de signaler leur courage & de réparer la honte dont leurs généraux les avoient couverts au mois de juin dernier, en les forçant d'abandonner leur ville, malgré le desir extrême qu'ils avoient témoigné de la défendre (1).

Je ne vous entretiendrai point des événemens de ce siège mémorable, dont vous êtes tout aussi bien

(1) Lorsqu'on eut appris à Angers la prise de Saumur par les brigands, la garde nationale de cette ville s'assembla sur-le-champ et nomma quatre commissaires pour décider si l'on soutiendroit le siège. Ces commissaires, après une légère discussion, furent pour l'affirmative; mais les généraux, dans un conseil de guerre tenu au département, se déclarérent pour la négative. Le procès-verbal de ce conseil de guerre est déposé aux archives. On trouve dans les mêmes archives deux lettres du général Menou, toutes deux datées de Tours, l'une du 10 et l'autre du 11 juin

instruits que moi-même. Vous savez que tandis que nos concitoyens combattoient valeureusement à

1793. Dans la première, adressée au citoyen Drouet, inspecteur-général d'artillerie à Angers et à Saumur, se trouve ce qui suit :

« Il est ordonné au citoyen Drouet, inspecteur général de l'artillerie d'Angers et de Saumur, de faire évacuer d'Angers toutes les munitions de guerre et artillerie qui s'y trouvent, pour les faire refluer sur les points qui lui seront indiqués par les généraux qui pourront se trouver à Angers, ou par le commandant des troupes de ce canton. »

Dans la seconde adressée aux généraux, divisionnaires qui se trouvoient alors à Angers, on lit ces propres mots :

« Angers ne peut pas être défendu. Il faut donc pour le moment, l'abandonner à l'ennemi ; mais lorsque nous aurons réuni une armée de 50 mille hommes, nous reprendrons toutes ces villes, et poursuivrons l'ennemi par-tout où il se portera. C'est le seul moyen de sauver la chose publique. »

Le représentant du peuple Richard, qui étoit alors à Tours, n'avoit donc pas eu connoissance de ces deux lettres, puisque, dans son rapport à la convention nationale sur la guerre de la Vendée, il dit qu'après *la prise de Saumur, un de ses collègues fut chargé d'aller à Angers, et d'y porter l'ordre de défendre les Ponts-de-Cé et l'accès de la ville, et en cas d'échec de se retirer sur Tours par la Flèche.* Cet ordre est bien différent de ceux du général Menou, et il est bien étonnant que des ordres si différens aient été donnés en même tems et de la même ville.

tous les postes; tandis que nos concitoyennes même ne craignoient point d'exposer généreusement leur vie, en portant sur les remparts, à nos braves défenseurs, toute sorte de rafraîchissemens; le général Danican, qui auroit dû donner le premier l'exemple, reposoit mollement dans son lit, comme si la ville eût joui d'une parfaite tranquillité. Ce sont là des événemens qu'il est bon de rapprocher de ceux qui ont précédé ou suivi le siège de votre ville.

Il étoit, me dira-t-on, retenu dans son lit par une chûte de cheval? Je veux bien le croire. Mais pourquoi, lorsque la ville étoit dans le plus grand danger (1), fit-il filer du côté de la porte Nicolas, sa voiture chargée de tous ses effets (2)? Pourquoi fit-il prendre la même route

---

(1) C'étoit au moment où les brigands, placés entre deux massifs de pierre qu'il sembloit qu'on leur eût laissé exprès auprès de la porte Michel, pour leur servir d'établissement, étoient sur le point de forcer cette porte: on ne put les en déloger qu'en leur jettant des matières inflammables.

(2) Il avoit, dit-on, fait mettre dans son caisson jusqu'à un petit poulain dont sa jument venoit de se délivrer. Cet homme assurément, malgré sa chûte de cheval, n'avoit point perdu la tête.

Ayant été obligé d'aller à Paris sur la fin de Vendémiaire, j'assistai à une fameuse séance de la Convention Nationale, où il s'éleva une espèce de dispute entre Levasseur (de la Sarthe) et Merlin (de Thion-

à sa cavalerie & au 29.e régiment qu'il fit éclairer par des torches, le long de la rue Boisnet & sur le pont, comme s'il eût voulu par-là avertir les brigands placés dans le ci-devant couvent de S. Serge, de faire une dernière tentative sur la porte Cupif qui, par la désertion de ce régiment, se trouvoit alors d'une foiblesse extrême (1)?

D'un autre côté, pourquoi Rossignol s'obstina-t-il à rester trois ou quatre jours à Châteaubriand, malgré les courriers qu'on lui avoit dépêchés, malgré sur-tout le désir extrême que témoignoient ses soldats de venir au secours de leurs frères (2),

---

ville, au sujet du général Danican. Le premier, qui s'étoit trouvé au siége d'Angers, assura à-peu-près tout ce que j'avance ici: mais le second prétendit que Danican étoit un très-brave homme. Je suis bien éloigné, assurément, de soupçonner le courage d'un homme qui a mérité l'estime de Merlin, mais ce que je dis ici n'en est pas moins vrai; il faut donc ou qu'on ait mal suivi les ordres de ce général, ou qu'il ait été obligé lui-même d'obéir à des ordres supérieurs.

(1) Cette porte, par la désertion du 29.e régiment, se trouva confiée, depuis environ dix heures du soir jusqu'à une heure après minuit, à la garde de quatre soldats et d'un caporal.

(2) Le représentant du peuple Choudieu, dans sa réponse à Phelippeaux, qui avoit fortement blâmé cette conduite de Rossignol, prétend que l'adjudant-général Rouyer avoit écrit au ministre de la guerre, le 15 frimaire, que *la stagnation de l'avant garde à Châteaubriand devoit être attribué à Seffer, et que ce*

Pourquoi même, précédé de la cavalerie de Marigni (1), au lieu de prendre la route de Châteaubriand en partant de Rennes, n'avoit-il pas suivi les ennemis à la piste avec le reste de son armée par Vitré, Laval, Châteaugontier, Sablé, la Flèche, Durtal, &c. afin de les prendre entre trois feux, en les attaquant vigoureusement par la droite, pendant que la garnison du Pont-de-Cé & d'Angers, les auroient attaqués par la gauche & de front? Voilà, & pour vous & pour

---

général avoit été destitué pour ce fait. Mais d'abord Seffer avoit été destitué à Rennes et non à Chateaubriand; en second lieu, il l'avoit été pour s'être tenu constamment à Avranches, pendant que nous nous battions à Dol; en troisième lieu, comment Rouyer pouvoit-il connoître la cause de cette stagnation, puisque nous partîmes ensemble de Rennes pour Nantes, au moment même que la division de Boucret partit pour Châteaubriand; puisque nous passâmes deux jours à Nantes logeant dans la même chambre; puisqu'étant arrivé à Angers 24 heures après moi, je le vis le jour même et le lendemain de son arrivée dans cette ville. Il n'a donc pu aller à Châteaubriand pour s'assurer par lui-même de la cause de la stagnation de l'armée de Rossignol: il n'a donc pu le savoir que par conjecture.

(1) Ce général fut tué aux environs de Durtal, à la tête d'environ deux cens hussards ou chasseurs à cheval, avec lesquels il avoit continuellement harcelé les brigands, pendant qu'ils se rendoient à Angers.

moi, bien des mystères sur lesquels la postérité pourra un jour prononcer.

J'aurois bien d'autres réflexions à faire sur les différens évènemens de ce siége (1), mais je me hâte d'en venir à ceux qui l'ont suivi.

Ce fut le 17 frimaire, c'est-à-dire, deux jours après la levée du siège, & le lendemain du jour

---

(1) Les Angevins étoient alors persuadés et le sont encore aujourd'hui que l'intention de nos généraux étoit de livrer la ville aux brigands, afin d'avoir ensuite le plaisir de la reprendre, de la piller et de la brûler. Je ne sais si telle étoit alors l'intention de nos généraux; mais ce qu'il y a de certain, c'est que, quelque temps auparavant, on avoit fait tout ce qu'il falloit pour la livrer à l'ennemi. Par exemple, les parapets des remparts qui, lorsque le général Duhoux vint résider dans notre ville, étoient de six pieds de hauteur, et avoient des meurtrières à travers lesquelles on pouvoit tirer sur l'ennemi sans en être apperçu, avoient été abattus par les ordres de ce général jusqu'à la hauteur de trois pieds, de sorte que, pendant le siège, nos malheureux soldats, ayant presque toujours la tête et la poitrine à découvert, ne recevoient que des blessures mortelles, tandis que l'ennemi, placé dans les maisons dont la ville est entourée, pouvoit tirer sur nous sans presque courir aucun danger. On ne trouva d'autre moyen de couvrir nos pauvres soldats, que de faire porter sur les parapets des sacs à terre, à la construction desquels furent employées toutes les citoyennes de la ville.

que

que l'armée de Châteaubriand étoit arrivée à Angers (1), que je sortis de cette ville accompagné de deux cavaliers de l'armée révolutionnaire, sur lesquels nos généraux ne pouvoient étendre leur autorité, & qui, par conséquent, étoient absolument à ma disposition, ce qui n'étoit pas pour moi un petit avantage.

Quoiqu'il fut alors neuf heures du matin, & que la division qu'on avoit fait partir ce jour-là pour Baugé, m'eut devancé de trois ou quatre heures, je fus néanmoins assez heureux, graces aux jambes de mon cheval, pour assister au combat que notre cavalerie, avec quelques fantassins de bonne volonté, sous les ordres de Westermann, livra aux rebelles. Je m'avançai même d'assez près avec mes deux ordonnances pour entendre siffler les boulets autour de mes oreilles ; les ennemis étoient alors à une lieue environ de Baugé, sur la route de cette ville à la Flèche.

Je suivis les combattans jusqu'à une lieue au-delà, laissant derrière moi la division de Muller, qui étoit rangée en bataille sur le chemin, & qui me prenant sans doute pour un général, me témoigna, lorsque je passois devant elle, son mécontentement de ce qu'on ne la faisoit pas marcher au secours de Westermann [2].

(1) Elle n'acheva d'arriver que le 16 Frimaire au soir, entre onze heures et minuit.

(2) Je rencontrai aussi en chemin le général Amey, qui commandoit une des brigades de la division de Muller. Il étoit penché sur son cheval, et me parut

Je les aurois ſuivis plus loin, ſi, ayant parlé à trois ordonnances que Weſtermann avoit ſucceſſivement envoyés à Muller, pour l'engager à faire avancer ſa diviſion, je n'euſſe voulu m'inſtruire par moi-même de la cauſe de cette immobilité; mais le jour étant très-avancé & la voyant diſpoſée à bivaquer aux environs de Baugé, je me rendis dans cette ville où j'eſpérois trouver un abri plus commode qu'à la belle étoile.

J'y entrai ſur les quatre heures & demie du ſoir, ſuivi de mes deux ordonnances, & comme j'étois le premier patriote qui s'y fût préſenté depuis que les brigands l'avoient évacuée; je n'y reçus d'abord que les ſalutations de quelques enfans, qui me demandèrent comment je me portois; les hommes & les femmes ne ſachant ſans doute ſi j'étois un patriote ou un brigand, ſe tenoient tapis dans leurs maiſons.

J'en trouvai à la fin deux à qui je demandai où la municipalité tenoit ordinairement ſes ſéances; ils me répondirent que c'étoit au château. Je m'y rendis de ſuite, & je n'y trouvai qu'une concierge que ma préſence glaça de frayeur; je tâchai de la raſſurer en la qualifiant de *citoyenne.*

---

fort pensif. Comme je l'avois connu à Rennes, je m'approchai de lui pour le saluer. *Il faut avouer*, me dit-il, *que Westermann est un brave homme; oh! très-brave*, lui répondis-je: *pour se battre avec si peu de monde contre une armée aussi formidable, sans être secouru.*

Je lui demandai ensuite à qui appartenoit une superbe berline à six places que j'avois rencontrée à l'entrée du château ? Elle me répondit qu'elle appartenoit aux brigands, qui n'avoient pu l'emmener avec eux, ayant été obligés d'en prendre les chevaux pour les atteler à un train d'artillerie ; dans ce cas, lui dis-je, je m'en empare au nom de la nation, car je suis commissaire du département de Maine & Loire.

Comme cette voiture n'avoit point ses harnois, je m'informai où ils pouvoient être, & je les y trouvai. Vous devez bien penser que je n'eus rien de plus pressé que de faire transporter ladite voiture dans mon auberge, pour la soustraire à la cupidité des généraux, qui n'auroient pas manqué de s'en servir pour faire les jolis-cœurs, ou à la rapacité des hussards qui l'auroient aussitôt vendue pour faire la ribotte. Si j'avois pu me procurer des chevaux ou des bœufs, je l'aurois fait conduire pendant la nuit à Angers, car elle pouvoit valoir encore cinq à six mille francs, malgré que les brigands en eussent enlevé les coussins que leurs canonniers, me dit on, avoient mis sur leurs caissons.

Par les renseignemens que je pris des différentes personnes à qui je m'adressai, j'appris que, avant l'arrivée des brigands dans cette ville, on avoit fait filer vers Saumur, tous les vivres & tous les fourrages, la seule manière de vaincre des ennemis de cette espèce lorsque les soldats chargés de leur faire la guerre, ou refusent de se battre, ou fuient lâchement devant eux.

Je m'informai aussi quelles pouvoient être leurs forces; on me dit que, à la vérité, leur armée étoit très-nombreuse, mais qu'ils n'avoient que trente canons ou obusiers, & douze caissons seulement dont la plupart étoient vuides; qu'ils manquoient absolument de cartouches, & que, le jour qu'ils avoient évacué Baugé, on ne leur avoit distribué que de la poudre, des balles & du papier; qu'ils étoient enfin excédés de fatigue & de faim, & qu'on ne pouvoit les faire marcher qu'à grands coups de plat de sabre.

Quant à l'affaire qui avoit eu lieu la veille aux environs de cette ville, & qu'on avoit voulu faire passer pour un échec, j'appris qu'elle avoit été toute à notre avantage. Les brigands, désespérés d'avoir échoué à Angers, vouloient se rendre à Saumur, qu'ils croyoient sans défense, & rentrer par là dans la Vendée (1); mais ayant appris aux environs de Beaufort, qu'une armée marchoit vers cette ville, ils étoient revenus sur leurs pas, & avoient été attaqués à leur retour, par Wes-

(1) Les brigands, en abandonnant le siège d'Angers, auroient pu aller droit à Saumur par le fauxbourg Bressigny; mais ils craignoient de trouver en chemin la ganison du Pont de-Cé, dont un détachement de cent chevaux et cent cinquante fantassins les avoient chaffourés dans la rue Château-Gontier, et étoit en partie cause de leur retraite.

termann, qui, n'ayant avec lui que trois cents hommes de cavalerie, avoit été obligé de réculer jusqu'à Jarſe, dont les brigands avoient brûlé le château. Là, ce brave général, ayant fait mettre pied à terre à la moitié de ſa cavalerie, avoit engagé un nouveau combat, en faiſant un feu de file avec les carabines, comme on auroit pu le faire avec des fuſils : enfin, accablé par le nombre, il s'étoit vu forcé de battre en retraite ; mais cette retraite étoit honorable, c'étoit une *jolie* retraite; une *retraite* enfin, comme le diſoit plaiſamment un huſſard, *faite pour l'amour.*

Je me diſpoſois le lendemain à joindre Weſtermann, le ſeul général qui oſât ſe meſurer avec l'ennemi, après néanmoins avoir fait partir pour Angers, la voiture en queſtion, lorſqu'un de mes ordonnances vint me dire que le général Muller, accompagné de ſon adjudant-général & de ſon aide-de-camp, y faiſoit atteler ſes chevaux.

Je fus le trouver auſſi-tôt pour lui demander de quel droit il faiſoit atteler ſes chevaux à une voiture qui ne lui appartenoit pas ? Il me répondit qu'elle appartenoit à ſon adjudant-général, qui l'avoit vue avant moi. Je lui répliquai que cela étoit impoſſible, parce que ſon adjudant-général n'avoit pu abandonner ſa diviſion qui alors n'avoit pas mis le pied à Baugé ; qu'au reſte, cette ville n'étoit point une ville ennemie, que tous les effets des rebelles qu'elle pouvoit contenir, appartenoient à la nation, & que toutes les autorités conſtituées ayant abandonné leur poste, le commissaire du département de Maine & Loire les réunissoit toutes.

J'ajoutai que je ne m'étois pas contenté de voir la voiture, mais qu'après l'avoir sequestrée entre les mains de la concierge du château, je l'avois fait transporter dans mon auberge; que j'avois été chercher moi-même, dans une maison bien éloignée de-là, les harnois, que sûrement il n'avoit pas vus. Mais *les harnois*, dit-il, *appartiennent à la voiture. Eh bien!* lui répliquai-je vivement, *puisque tout ce qui appartient à cette voiture vous appartient, allez donc chercher aussi les coussins que les canonniers des brigands ont mis sur leurs caissons.* Je le quittai brusquement, après lui avoir lâché cette plaisanterie, voyant qu'il étoit inutile, d'ailleurs, de résister plus long-tems à la force.

Je ne tardai pas à monter à cheval, pour voir où en étoient les choses. La division de Muller étoit alors sous les armes aux environs de Baugé. Je l'avois dépassée de quelques centaines de toises, lorsque voyant arriver la cavalerie de Westermann, je fus obligé de revenir sur mes pas. Ce brave général, abandonné pour ainsi dire à ses forces individuelles, en présence d'un ennemi deux cents fois plus nombreux que lui, après avoir inutilement sollicité, la veille, du secours de Muller, auquel, comme je l'ai dit, il avoit envoyé successivement trois ordonnances, avoit été forcé le lendemain de battre en retraite. Arrivé auprès de Muller, il le traita de lâche & de traître. Celui-ci prétendit avoir reçu des *ordres supérieurs* pour ne pas marcher.

Je n'examinerai pas ici si le fait étoit vrai, ou si même Westermann devoit attaquer l'ennemi avant la réunion de nos armées; vous connoissez mes sentimens à cet égard; mais ce que je sais bien, c'est que si ces ordres supérieurs existoient, il étoit inutile & même dangereux d'envoyer Westermann à la poursuite de l'ennemi avec une poignée de monde; ce que je sais bien encore, c'est que pour peu que la cavalerie de ce général eût été soutenue par l'infanterie, elle auroit mis l'ennemi en déroute complète.

Au reste, je ne sais pourquoi Muller, après avoir refusé, le dix-sept, de venir au secours de Westermann, se détermina le lendemain à le faire soutenir par une partie de sa division, après qu'il eût été apostrophé par ce général, de la manière dont j'ai parlé; il me semble qu'on doit être conséquent avec soi-même (1).

Ce secours qui eût été très-efficace le dix-sept, fut inutile le lendemain par la mal-adresse qu'on

---

(1) Le citoyen Vial, ex-Procureur général-syndic du département de Maine et Loire, m'a dit, depuis, que Savari, chef de l'état-major de cette armée, l'avoit assuré que Muller avoit reçu ordre du général Rossignol de se tenir constamment à quatre lieues de Westermann. Dans ce cas, c'est Rossignol qui est le seul coupable.

eût de laisser à une lieue en deçà de Clef, une partie de la division de Muller, sous le commandement d'Amey, tandis que l'autre partie, aux ordres de Muller & de Legros, étoit à une lieue au-delà. Je veux bien croire que ces deux lignes n'étoient pas d'abord aussi éloignées l'une de l'autre, & que l'ennemi en fuyant, avoit été la principale cause de la grande distance qui les séparoit. Mais il me semble que lorque la première ligne gagne du terrein, la seconde doit avancer de la même quantité d'espace, & qu'il doit y avoir entre ces deux lignes, un assez petit intervalle, pour qu'elles puissent se secourir au besoin. Aussi, la première ayant été obligée de battre en retraite, cette retraite faillit à se changer en déroute, parce que la seconde ne put arriver assez tôt pour la soutenir. Je suis même persuadé que la déroute auroit eu lieu, si un brouillard très-épais & la nuit n'étoient venus fort à propos séparer les combattans. Toute l'armée (1) se reploya donc sur Baugé, où elle trouva celle des Côtes de Cherbourg, qui lui donna un peu de courage.

---

(1) L'armée, ce jour-là, ainsi que le jour précédent, fut sans pain et sans viande. Les soldats étoient si foibles que je fus obligé de faire porter du pain et du vin par mes ordonnances, pour en donner du moins aux blessés. Il n'y avoit pas aussi de caissons d'ambulance à la suite de l'armée, de sorte que les blessés étoient obligés de faire trois ou quatre lieues pour se faire panser.

Ce fut encore une très-grande faute d'avoir fait prendre à l'armée de Cherbourg, la route de Baugé, au lieu de l'envoyer directement à la Flèche. Si, comme je vous l'avois écrit, on eût pris ce dernier parti, & si on eût réuni en même-tems à la division de Muller, le reste des troupes qui pouvoient se trouver ou à Angers ou à Saumur, ce jour là eût été le dernier pour les brigands, qui, pris entre deux feux, auroient tous péri sur le champ de bataille, ou auroient été précipités dans la Loire (1).

Cette faute fut cause que les brigands, ne trouvant qu'une foible résistance dans la garnison de la Flèche, composée de trois ou quatre cents hommes, & incapable par conséquent de garder tous les postes, firent passer quelques-uns des leurs, le long de la chaussée qui est à côté du moulin, égorgèrent une partie de cette garnison, mirent en fuite l'autre partie, rétablirent le pont qui avoit été coupé, & le détruisirent ensuite, après que toute leur armée fut passée.

Nous eûmes le lendemain toutes les peines du monde à reconstruire ce pont, qui ne fut parfaite-

---

(1) Si, comme je l'aurois désiré, on eût envoyé l'armée de Cherbourg directement à la Flèche, sans la faire passer par Baugé, il n'auroit pas fallu couper le pont, mais y placer seulement quelques pièces de canon, pour en défendre l'approche.

ment rétabli qu'à minuit. Heureusement que Westermann, n'en voulant pas attendre la reconstruction, avoit fait passer, dès le matin, toute sa cavalerie à la nage, étoit entré à la Flèche presqu'au même instant que les brigands en étoient sortis, avoit massacré tous les traîneurs qu'il avoit trouvés dans la ville, & s'étoit mis à la poursuite des autres.

Les cadavres, dont les rues de cette ville étoient jonchées, exhaloient une puanteur si horrible, que je me hâtai d'en sortir & de me rendre à quatre lieues de là, dans un village nommé *Foultourte*, qui paroissoit être le rendez-vous général de toute l'armée.

J'y fis connoissance avec le général Carpentier, qui avoit été curé aux environs de Saumur, & que, pour cette raison, je regardois comme plus intéressé qu'un autre au succès de cette guerre. Lui ayant fait connoître ma qualité de commissaire du département de Maine & Loire, & l'objet de ma mission, il me retint à souper, & me proposa de le suivre pendant le reste de la campagne, qu'il croyoit, ainsi que moi, devoir être terminée en peu de jours. Je ne me fis pas prier pour accepter une pareille proposition.

Nous partîmes donc ensemble le lendemain d'assez grand matin, précédés de la première brigade de la division de Muller, qui devoit soutenir la cavalerie de Westermann, mais qui, ainsi qu'on va le voir, ne fut pas plus heureux dans cette ciconstance, qu'il ne l'avoit été deux jours auparavant, entre Clef & la Flèche.

Il y avoit quatre ou cinq heures environ que nous étions en marche, car nous ne pouvions pas beaucoup avancer à cause que les chemins étoient extrêmement dégradés par la pluie, lorsqu'étant arrivés auprès d'une hauteur, des deux côtés de laquelle se trouvent des bois de sapin, on vint nous dire de nous mettre en bataille. Nous pouvions être alors à une lieue ou à une lieue & demie du Mans.

Carpentier me quitta un instant pour aller reconnoître le terrain; il revint bientôt après au grand galop, & ordonna à sa brigade de s'enfoncer rapidement dans le bois qui étoit à droite.

Surpris de ce mouvement subit, je crus que l'ennemi vouloit nous cerner de ce côté, & je revins sur mes pas pour longer le bois & voir si je n'appercevrois pas quelque brigand. Je ne trouvai, à l'extrémité, que le directeur-général des équipages d'artillerie, avec lequel j'avois soupé la veille, & qui sans doute, faisoit les mêmes observations que moi.

Le voyant revenir fort tranquillement, je crus qu'il n'y avoit rien à craindre, & je profitai de ce moment pour faire boire mon cheval dans une marre d'eau qui étoit de l'autre côté du chemin.

Mon cheval avoit à peine bu son content, comme on le dit vulgairement, que j'entends plusieurs voix me crier : *que faites-vous là, citoyen, l'armée bat en retraite*? Je tourne la tête, & il vois avec la plus grande surprise, que l'armée étoit en déroute. En un instant je fus couvert de boue, de la tête aux pieds, par les voitures, les bœufs & les chevaux, dont la route étoit remplie. Je fus donc entraîné malgré moi par les fuyards, sans pouvoir deviner la cause d'une pareille terreur.

La division de Muller ne se rallia parfaitement qu'à Foultourre, c'est-à-dire, à trois ou quatre lieues de là. Carpentier resta seul sur le champ de bataille, avec deux cents braves gens environ, qui ne l'avoient point quitté, & avec lesquels il se réunit à Westermann, & soutint le choc des ennemis.

Comme je me trouvois à la tête des fuyards, lorsque la division de Muller avoit été mise en déroute, je n'avois pas eu de peine à les devancer. Ayant apperçu de loin la division de Tilli, la même que l'armée de Cherbourg, qui marchoit en très-bon ordre, malgré que les chemins fussent détestables, je recommandai à mes deux ordonnances d'aller au très-petit pas, afin qu'elle ne s'apperçût pas de la déroute.

Arrivé auprès de cette division, je m'arrêtai pour la considérer plus à mon aise. Les grenadiers d'Armagnac qui étoient à la tête, me demandèrent s'ils étoient encore bien éloignés de l'ennemi? Je leur répondis qu'ils n'en étoient qu'à une petite lieue, & qu'ainsi ils n'avoient qu'à se presser, *s'ils vouloient avoir part au gâteau.* Ils me témoignèrent beaucoup de joie de cette nouvelle, & je continuai mon chemin.

Je ne tardai pas à voir le général Muller & le général Legros, qui avoient devancé de beaucoup leur division, & qui s'entretenoient avec un particulier, auquel ils racontoient les différentes circonstances de la déroute, qu'ils attribuoient à une trahison. Ce particulier, que je ne reconnus pas d'abord, parce qu'il me tournoit le dos, étoit Marsau (1), alors général en chef. Je l'abordai, après que Muller & Legros l'eurent quitté. Il me dit qu'il alloit connoître les choses par lui même; il piqua des deux aussi-tôt pour se mettre, sans-doute à la tête de la division de Tilli, & rétablir le combat.

Je fus d'autant plus charmé d'avoir rencontré ce général, que je le connoissois pour un brave homme, qui s'étoit très-bien montré à l'affaire de Dol, & qui, en partant avec moi de Rennes pour Antraim, m'avoit dit qu'il étoit déterminé à se battre, *n'eût-il avec lui que trente hommes seulement.*

Je trouvai aussi sur mon chemin, la division de Cleber, & les troupes légères commandées par

(1) Le représentant du peuple Choudieu, dans sa réponse à Phelippeaux, dit, en propres termes, que *Rossignol, à la prise du Mans, etoit général en chef des armées réunies de l'Ouest et des cotes de Brest; qu'il l'étoit encore, lorsque les brigands ont été battus à Savenay, et qu'il l'étoit enfin, au grand regret de Phelippeaux, lorsqu'ils ont été entièrement exterminés sur la rive droite de la Loire.* Le représentant du peuple Choudieu tenoit vraisemblablement encore tous ces faits de l'adjudant-général Rouyer.

Delaage, ce jeune homme que je vous avois recommandé, & qui, dans l'espace d'environ six semaines, avoit été successivement aide-de-camp du général Beaupui, adjoint du général Marsau, adjudant-général de Marigny, & étoit alors général des troupes légères à pied. Il me proposa de le suivre; j'aurois volontiers accepté sa proposition, si mon cheval eût été moins fatigué.

Je me retirai donc à Foultourte, plein de confiance sur le succès de nos armes, mais très-fâché de ne pouvoir coucher au Mans, dont je n'étois éloigné que d'une lieue, & d'être obligé de m'en revenir le ventre vuide dans un village où je ne pouvois me flatter de trouver de quoi le remplir.

Ma confiance n'étoit pas vaine, car la brave armée de Cherbourg, qui ne s'étoit pas encore mesurée avec les brigands, fit voir, dans cette occasion, que ses coups d'essais étoient des coups de maître. Elle les chargea avec tant d'impétuosité, avec la cavalerie de Westermann, que malgré leur résistance opiniâtre, elle les chassa de quatre retranchemens, & les força, la bayonnette dans les reins, d'entrer précipitamment dans la ville, où s'engagea un nouveau genre de combat (1). Les

---

(1) On doit se rappeler d'avoir vu dans le mémoire de Westermann, que ce général ayant proposé à Marsau de poursuivre les brigands dans la ville du Mans, celui-ci lui avoit répondu : *Tu joues gros jeu, brave homme, mais vas, je ne te quitte pas.* Eh bien ! je vais citer un trait semblable à celui-ci, et qui, pour

brigands ayant eu le tems d'établir des batteries à toutes les avenues de la grande place, & de remplir les maisons voisines de leurs tirailleurs, faisoient sur nous un feu épouvantable qui ne permettoit pas, même aux plus intrépides, d'en approcher. Westermann écumoit de rage & faisoit pleuvoir, à son ordinaire, une grêle de coups de plat de sabre sur ceux que paroissoit effrayer le feu de l'ennemi, lorsque Carpentier, qui, depuis six heures du soir jusqu'à quatre heures du matin, avoit été chargé par Marsau, d'un des points principaux de l'attaque; ennuyé de tout ce tintamarre & de la résistance qu'on nous opposoit, fit avancer quelques pièces de canon qu'il fit charger tout à la fois à boulet & à mitraille, & qu'il dirigea tour-à-tour sur les batteries de l'ennemi & dans les fenêtres des maisons qui étoient aux angles de la place. Carpentier fut ensuite remplacé par De-

cette raison, ne doit point rester dans l'oubli. Roland, capitaine des grenadiers d'Armagnac, qui, le premier étoit monté sur le pont du Mans, et en avoit écarté les chevaux de frise, se disposoit à entrer dans la ville, à la tête de sa compagnie, lorsque son frère, commandant du même régiment, lui demanda s'il avoit reçu des ordres pour cela, et s'il savoit ce que c'étoit qu'une bataille de rues? *Point de représentation*, lui repartit le Capitaine, *puisque nous tenons ces b...là, il ne faut pas les lâcher. Ah! tu le prends ainsi*, lui répondit le Commandant; *Eh bien! fais ce qu'il te plaira, je ne suis pas homme à rester en arrière.*

laage, qui commandoit une partie de la division de Cleber, & qui poussa l'attaque avec tant de vigueur, que l'ennemi ne put plus tenir; il plia de tous côtés, & abandonna enfin la ville, après y avoir laissé la plupart de ses canons & avoir couvert les rues d'une quantité innombrable de morts & de blessés. La cavalerie de Westermann, & quelque tems après, la brave division de Tilli, se mirent à sa poursuite, pendant que le reste de l'armée qui étoit au fauxbourg de Pont-Lieu, entroit dans la ville au pas de charge.

J'y entrai avec les premières colonnes, car j'étois parti de Foultourte d'assez grand matin (1), & j'avois fait assez de diligence pour assister, si non au siège, du moins aux principaux événemens qui en furent la suite. J'y fus témoin de toutes les horreurs que peut présenter une ville prise d'assaut. Les soldats s'étant répandus dans les maisons, & en ayant retiré les femmes & filles des brigands qui n'avoient pas eu le tems d'en sortir & de prendre la fuite, les emmenoient dans les places ou dans les rues, où elles étoient entassées & égorgées sur le champ, à coups de fusil, à coups de bayonnette, ou à coups de sabre; on les déshabilloit ensuite toute nues, & on les étendoit sur le dos dans une posture indécente; on appeloit cela *mettre en batterie*.

Quoique, dès mon entrée au Mans, j'eusse vu, dans le fauxbourg de Pont-Lieu, entre les mains

(1) j'en étois parti à cinq heures du matin.

des

des volontaires, une trentaine de femmes que l'on conduisoit sans-doute à la mort, je n'en vis néanmoins tuer aucune, qu'après l'arrivée des représentans du peuple Tureau & Bourbotte, c'est-à-dire, quatre ou cinq heures après que l'armée des brigands avoit totalement évacué la ville. Le principal massacre se faisoit à la porte même de la maison qu'avoient choisie ces représentans. C'étoit une véritable boucherie. Les femmes y étoient entassées par trentaines; on faisoit sur elles des feux de peloton qu'il falloit redoubler, parce que ces femmes se jettant les unes sur les autres, pour éviter la mort, il n'y avoit guères que celles qui étoient à la surface qui reçussent les premiers coups de feu. J'étois passé plusieurs fois devant cette maison, sans pouvoir deviner la cause d'une pareille préférence; je ne fus instruit que c'étoit celle des représentans du peuple, que par un brave officier de l'armée, qui me témoigna son indignation de ce qu'on déshonoroit ainsi la représentation nationale. Ayant été obligé d'aller chez le général en chef, je lui fis part de ce qui se passoit & du danger qu'il y avoit que, dans un pareil massacre, fait avec si peu de discernement, on n'immolât beaucoup de patriotes. Le général en chef ne trouva pas d'autre moyen d'arrêter le carnage, que de faire battre la générale.

Si on respecta peu dans ce siège la jeunesse & la beauté, on y eut encore moins d'égard, comme vous pouvez bien le penser, pour les titres de ces grandes dames, dont les cadavres palpitans rouloient dans la boue. Les hussards, qui, dans ces occasions ne perdent jamais la tête, y firent les plus riches prises. Pour moi, je n'y trouvai rien qui tenta ma cupidité, qu'un chapeau surmonté de six panaches blancs, qu'on me dit appartenir à Laroche-Jacquelain, & qui, à ce que j'appris quelques jours après, étoit du jeune d'Autichamp : encore même ne fus-je curieux de l'avoir en ma puissance, qu'afin de vous le faire passer, & d'en réjouir nos concitoyens. J'aimois mieux vous envoyer ce trophée, que des voitures, des mitres, des calices, des croix, des ostensoirs, &c, qu'il m'eût été aisé de me procurer, car j'étois arrivé assez à tems, pour profiter du pillage.

Je passai au Mans le reste de la journée, & j'en partis le lendemain sur les onze heures du matin, avec Carpentier, sous les drapeaux duquel s'étoit enfin réuni un grand nombre de ces fuyards qui l'avoient abandonné au bois de sapin, & qui, rougissant alors de leur fuite, s'étoient empressés de venir le joindre. Quant à la division de Muller, elle eut ordre de revenir à Angers, où on avoit sans doute plus besoin de ses services, que nous n'en avions besoin nous-mêmes.

Ce qu'il y a de singulier, c'est que Carpentier, qui ne commandoit auparavant qu'une brigade de la division de Muller, se trouvoit, pour ainsi dire, alors général divisionnaire, puisqu'il n'étoit attaché à aucune division ; ce ne fut qu'à Laval, qu'il obtint la permission de réunir sa brigade à la division de Tilli.

Toute la route du Mans, jusques à cinq ou six lieues de Laval, étoit couverte des cadavres des brigands : c'étoit la répétition de ce que j'avois vu depuis Angers, en passant par Suette, Gersé, Beaugé, Clefs, la Flèche, &c., les paysans de ces contrées avoient fait une battue générale dans les bois & dans les fermes, & en avoient plus massacré que nous n'en avions tué nous-mêmes. J'en apperçus sur le bord du chemin à côté d'un prieuré (1) qui est à cinq ou six lieues du Mans, une centaine qui étoient tous nuds & entassés les uns sur les autres, à peu-près comme des cochons qu'on auroit voulu saler.

Quant à nous, nous nous contentions d'emmener avec nous tous les hommes & toutes les

(1) C'est le prieuré de Chassillé. J'y couchai avec le général Carpentier et tout son état-major. A peine y étions-nous entrés, qu'on nous y amena une douzaine d'enfans des deux sèxes, dont le plus âgé n'avoit pas dix ans. C'étoient de petits brigands qui, ayant perdu leurs parens à l'affaire du Mans, ne savoient que devenir. Ils étoient excédés de fatigue, transis de froid, et mouroient de faim. Carpentier les renvoya à la municipalité du lieu, jusqu'à ce qu'il en eut été autrement ordonné.

femmes qui, nous paroissant suspects, ne pouvoient se faire réclamer sur-le-champ par les habitans du lieu. Mais malheur à ceux qui ne pouvoient pas marcher, car sous prétexte qu'on n'avoit point de voitures pour les transporter, ils étoient aussi-tôt fusillés.

C'étoit un spectacle assez curieux, que de voir ces grandes dames qui, naguères, se traînoient à peine en s'appuyant sur deux grands laquais, piétiner alors dans la boue avec nos soldats, & mendier, pour ainsi dire, un regard de protection de ces mêmes soldats sur lesquels autrefois elles daignoient à peine jeter les yeux.

J'eus occasion de remarquer, plus d'une fois, sur la route du Mans à Laval, combien la générosité & l'humanité sont inséparables de la véritable bravoure. Les régimens d'Armagnac & d'Aunis, auxquels nous devions principalement notre dernière victoire, conduisoient plusieurs prisonnières qui avoient échappé au massacre du Mans; quoique plusieurs d'entr'elles fussent d'une figure très-intéressante, aucun de ces braves gens, se prévalant de son droit de conquête, ne fit sentir à ces prisonnières, leur dépendance; aucun d'eux ne se permit à leur égard, le moindre propos indécent, & ces infortunées eurent du moins pendant leur route, la satisfaction de se voir respectées par leurs vainqueurs, autant que des sœurs auroient pu l'être par leurs frères.

Nous mîmes deux jours pour nous rendre du Mans à Laval, où l'on nous dit que les brigands étoient si épouvantés, si excédés de fatigue, de faim & de maladie, que les femmes & les enfans, à leur passage par cette ville, en avoient désarmé plus de cinq cens. On nous dit aussi que leur intention, ainsi qu'ils l'avoient manifestée à plusieurs habitans, étoit de se rendre à Varade ou à Ancenis, & de passer, s'ils le pouvoient, sur la rive gauche de la Loire (1). On nous y dit enfin que l'infatigable Westermann, toujours à leurs trousses, venoit d'en faire un grand carnage à Cossé, & sur-tout à Craon, où nous devions coucher le lendemain.

Ce fut donc le 26 frimaire que nous arrivâmes dans cette dernière ville, aux environs de laquelle on nous fit bivouaquer. Par les informations que

---

(1) Il ne falloit pas faire un grand effort de conception, pour voir que les brigands, au retour de Grandville, n'ayant pu exécuter le dessein qu'ils avoient formé de se rendre, dans la Vendée, par le Pont-de-Cé ou par saumur, tenteroient ce passage par Varade ou par Ancenis, et que c'étoit, pour cela, qu'en quittant le Mans, ils avoient pris la route de Laval; en devoit donc s'arranger en conséquence. Au reste, je vous avois fait part des projets de l'ennemi dès mon arrivée à Laval, c'est-à-dire, le 25 Frimaire à 8 heures du matin, car j'avois devancé toutes les colonnes de l'armée précédé seulement de la cavalerie de Westermann.

nous y prîmes, nous ne pûmes plus douter de la vérité du rapport qui nous avoit été fait à Laval, sur l'intention que les brigands y avoient manifestée de se rendre à Varade ou Ancenis. En effet, on nous assura qu'après s'être emparés de cette dernière ville, ils y avoient construit des radeaux, avec lesquels ils étoient passés de l'autre côté de la Loire, sous la conduite de Laroche-Jacquelin; mais qu'heureusement Westermann étoit arrivé assez à temps, avec sa cavalerie, pour les canonner & en noyer une grande partie, malgré que, pour se dérober à notre poursuite, ils eussent fait trente-sept lieues dans deux jours.

Pour nous, à qui la peur ne donnoit point des aîles, nous mimes une journée pour aller de Craon à Pouancé, & une autre pour nous rendre de Pouancé à Châteaubriand, tant les chemins étoient dégradés par la pluie. Les environs de Pouancé, ainsi que ceux de Craon & de Cossé, étoient couverts d'une grande quantité de cadavres qu'y avoit laissés la cavalerie de Westermann.

Quelques colonnes néanmoins s'étoient avancées jusqu'à une lieue au-delà de Châteaubriand & devoient coucher à S. Julien; mais sur la nouvelle qui se répandit que les brigands après avoir fait passer six cens des leurs environ sur la rive gauche de la Loire, se voyant attaqués tout à la fois par la cavalerie de Westermann & par deux armées venues d'Angers & de Nantes (1), avoient

(1) Le représentant du peuple Carrier, dans son

renoncé à leur première entreprise & paroissoient vouloir se reporter sur Châteaubriand; elles reçurent ordre de revenir dans cette dernière ville, de manière cependant, à être prêtes à marcher au premier coup de baguette.

---

rapport à la convention nationale, prétend que 600 hommes qu'il avoit envoyés à la hauteur d'Oudon, chassèrent l'ennemi d'Ancenis. Je veux bien le croire, quoique Westermann n'en dise rien dans celui qu'il adressa au comité de salut public, quoique même il paroisse insinuer le contraire, en disant que ce fut un espion envoyé par lui dans cette ville, qui donna l'épouvante à l'ennemi. Mais pourquoi le représentant du peuple Francastel, qui étoit alors à Angers avec six mille hommes, et qui devoit être instruit des projets de l'ennemi, n'en fit-il pas autant de son côté? Pourquoi, du moins, ne fit-il pas filer une partie de ces troupes sur la rive gauche de la Loire, pour en défendre le passage à l'ennemi? Il ne fit rien de tout cela, Au contraire, le général divisionnaire Moulin, qui commandoit à Montglone, reçut, le 25 frimaire, à 10 heures du soir, de ce représentant, l'ordre de se rendre sur-le-champ à Tours, pour y prendre le commandement de la force armée. Cette nuit là même, toute communication avoit été interrompue entre les deux rives de la Loire, par la nouvelle qui s'y étoit répandue de l'approche des brigands vers Varades ou vers Ancenis. Le 26 au matin, ce général, après avoir envoyé de fortes patrouilles du côté de Liré et de Champtoceaux, et avoir fait prévenir les communes de Montjean, du Mesnil, de Chalonnes et de Rochefort, de se tenir sur leurs gardes, partit pour Angers où il n'arriva qu'à Minuit. Il ne put parler, que le lende-

Cet ordre ne m'inquiéta pas beaucoup, car je ne pouvois concevoir qu'une armée que nous avions si bien étrillée à Angers, à Baugé, à la Flèche & au Mans, eût envie de revenir sur ses pas pour se faire étriller de nouveau à Châteaubriand; aussi passé-je cette nuit-là dans une tranquillité parfaite.

Je ne m'étois pas trompé dans mes conjectures, car nous apprîmes le lendemain de très-grand matin, que les ennemis avoient pris le chemin de Nort. On portoit encore leur nombre à trente mille hommes; mais ce nombre ne m'inquiétoit pas beaucoup, parce que je savois qu'ils n'avoient presque plus de munition, qu'ils étoient excédés de fatigue & de faim, & qu'enfin ils n'avoient plus avec eux Laroche-Jacquelin, qui étoit passé sur la rive gauche de la Loire, sans doute avec ses meilleures troupes.

Nos soldats, dont la plupart n'avoient point de souliers, étoient si fatigués, qu'on crut devoir les faire rester ce jour-là à Châteaubriand. On nous y emmena le domestique de l'évêque d'Agra, un ci-devant noble, & quatre

---

main matin, au représentant du peuple Francastel, qui, ayant appris que quelques brigands étoient passés sur la rive gauche de la Loire, lui ordonna de se rendre à son premier poste. Le général partit donc le 27 pour Montglone; mais ce fut trop tard; déjà les ennemis, du moins ceux qui avoient pu échapper aux poursuites de Westermann, avoient passé la Loire.

cavaliers de l'armée prétendue catholique & royale, qui tous s'accordèrent à nous dire, que les brigands ne savoient où donner de la tête. En effet il s'en étoit répandu un grand nombre dans les bois & dans les fermes, auxquels les habitans des campagnes donnoient la chasse comme à des bêtes fauves, & qui se laissoient prendre avec leurs fusils sans presque faire aucune résistance.

De Châteaubriand, nous fûmes à Derval (1), d'où nous partîmes le lendemain d'assez bon matin pour Blain, petite ville aux environs de laquelle nous arrivâmes à midi précis. Les brigands pressés par la cavalerie de Westermann, qui avoit suivi un tout autre chemin que nous, s'y étoient retirés dès la veille.

Il nous eût été facile sans doute de forcer l'ennemi dans ce nouveau poste, car toute notre armée étoit réunie dans une vaste plaine & ne demandoit qu'à combattre. Mais on s'y amusa à faire jouer, pendant quatre mortelles heures, *la carmagnolle* & d'autres airs patriotiques, par une

---

(1) Nous trouvâmes, dans cette dernière ville, soixante à quatre-vingts brigands, que les paysans des environs y avoient amenés, et qui s'étoient laissés prendre, sans faire aucune résistance. Nous y apprîmes aussi que trois ou quatre cents de leurs cavaliers s'étoient rendus à Nantes, avec armes et bagages, résolus de s'en remettre entiérement à la clémence du vainqueur. Je n'ai appris que depuis l'instruction du procès du comité révolutionnaire de Nantes, le sort qu'on avoit fait éprouver à ces gens là.

trentaine de ménétriers, que les représentans du peuple Tureau & Prieur de la Marne traînoient toujours à leur suite ; de sorte qu'une grosse pluie, qui dura presque toute la nuit étant tout-à-coup survenue, nous fûmes forcés de renvoyer la partie au lendemain.

L'ennemi profita habilement de cette faute, il décampa à une heure après minuit, sans tambour ni trompette, de sorte qu'à la pointe du jour lorsque nous voulûmes entrer dans Blain (1), nous n'y trouvâmes que quelques traînars que nos premières colonnes égorgèrent sans pitié ni miséricorde.

Nous fûmes donc obligés de les poursuivre à Savenay, à travers des chemins détestables, nos soldats dans certains endroits ayant de l'eau jusqu'à la ceinture ; mais, arrivés trop tard pour engager une affaire sérieuse (2), nous fûmes obligés de bivouaquer presque sous le canon des ennemis, en attendant le moment favorable de les attaquer avec quelque avantage.

Jamais bivouac ne m'a tant incommodé que celui-là, car il tomba presque toute la nuit une

---

(1) En visitant le château de Blain, je m'apperçus que l'ennemi avoit pratiqué dans les toits des tours de ce château, plusieurs trous à travers lesquels il pouvoit, avec des lunettes d'approche, observer toute notre armée.

(2) Westermann avoit déjà engagé une action avec l'ennemi devant cette ville, et lui avoit même pris une pièce de huit.

pluie très-froide que le vent nous faisoit entrer par tous les pores ; il n'y avoit que l'espérance de pouvoir enfin terminer cette guerre désastreuse qui fut capable de nous faire supporter, sans nous plaindre, une nuit aussi détestable.

Nous attendions le jour avec la plus grande impatience ; à peine commença-t-il à paroître, que nous attaquâmes les avant-postes de l'ennemi qui nous résista avec beaucoup de vigueur. Déjà même la division de Clèber, qui avoit été chargée de la première attaque, commençoit à plier, lorsqu'on fit avancer celle de Tilly ; c'est-à-dire, la brave armée des Côtes de Cherbourg. Rien ne put résister à l'impétuosité de cette armée, après avoir culbuté avec la rapidité de l'éclair les premières hordes ennemies qui avoient osé se présenter sur son passage, elle entra au pas de charge dans Savenay, tua les canonniers sur leurs pièces, & couvrit en un instant toute la ville de cadavres.

Nos soldats divisés en tirailleurs, poursuivirent ensuite l'ennemi dans la plaine jusqu'à la Loire. Plus de douze cens de ces brigands se voyant cernés, peut-être aussi fatigués d'une aussi longue guerre, mettent bas les armes en criant : *vive la Nation, vive la République.* Comme je caracolois autour d'eux, pour voir si je n'en reconnoîtrois pas quelqu'un, le général Carpentier me pria d'aller leur faire préparer un logement à Savenay, en attendant que la commiſſion militaire, qui étoit à la ſuite de l'armée, eût décidé de leur ſort (1).

Je partis auſſitôt; mais, pendant que je leur préparois ce logement, on fit beaucoup d'autres priſonniers, parmi leſquels ſe trouvoient des femmes & des enfans qui, ainſi que tous les précédens, furent tous fuſillés dans la journée, à l'exception de quelques chefs que l'on réſerva pou la guillotine.

En voyant expédier ſi promptement ces malheureux, je ne pus m'empêcher de dire à Carpentier, que je ne me ſerois pas tant preſſé de leur préparer un logement, ſi j'euſſe prévu le ſort qui les attendoit. J'ajoutai même, que cette fuſillade ſi précipitée me paroiſſoit impolitique; parce que, dans un bois voiſin, il y avoit environ quinze cens brigands qui demandoient à ſe rendre, & qui, ſûrement, ne ſe rendroient pas, s'ils venoient à apprendre le ſort qu'on faiſoit éprouver à leurs camarades. Carpentier me répondit: *qu'il en avoit reçu l'ordre exprès du repréſentant du peuple Tureau, & qu'il ne ſe ſoucioit pas de compromettre ſa tête, pour ſauver celle de ces coquins-là.*

Jamais ordre de cette eſpèce ne fut auſſi bien

(1) Le seul interrogatoire que cette espèce de commission militaire faisoit subir aux prisonniers, étoit de prendre leur nom avant de les faire fusiller. Carpentier doit avoir entre ses mains une liste de huit cents de ces malheureux, qui lui fut remise à Savenay par le président de cette espèce de commission militaire.

exécuté que celui-là; car en revenant de Mône (1) où j'avois été chercher des chevaux pour traîner les canons que nous avions pris sur l'ennemi, je trouvai toute cette route couverte de différens détachemens de volontaires qui conduisoient ces malheureux à la mort, en chantant l'hymne des Marseillois, *allons enfans de la patrie, le jour de gloire est arrivé, &c.*

Voilà sans doute une action bien atroce; eh bien! en voici une plus atroce encore, & qui paroîtroit incroyable si elle n'étoit attestée de toute l'armée. Quelques temps après que j'eus quitté Carpentier, pour me rendre à Savenay, cinq à six cens brigands mirent bas les armes, en criant à l'ordinaire *vive la nation, vive la République.* Un général, je ne sais lequel, fait envelopper ces pauvres gens par un ou deux bataillons, & fait faire sur eux une décharge générale; ils tombent tous, soit de leurs blessures, soit de peur. Mais comme il y en avoit beaucoup qui remuoient, celui qui avoit commencé le feu s'écria: *que ceux qui ne sont pas blessés se lèvent.* Ces pauvres malheureux croyant qu'on vouloit leur sauver la vie, s'empressent de se lever; mais on fait sur eux une seconde décharge, on achève ensuite de les tuer à coups de sabre, à coups de bayonnette & à coups de crosses de fusil.

De pareils traits d'inhumanité, indignes des

(1) Petit hameau à une grosse demi-lieue de Savenay sur la route de Nantes.

nations les plus féroces, sont faits pour révolter tous les esprits, & je ne doute pas que ce ne soient ces traits répétés avec plus ou moins de barbarie à Nantes, à Angers, à Saumur, &c. qui ont renouvelé la guerre de la Vendée.

Il n'est pas possible de calculer la perte que fit l'ennemi dans cette dernière affaire; tout ce que je puis dire, c'est qu'elle a dû être immense. La cavalerie qui seule paroissoit vouloir faire quelque résistance, ayant tenté le passage de la Loire, fut noyée pour la plus grande partie dans cette rivière. Plusieurs chefs restèrent sur le champ de bataille; plusieurs autres furent pris & conduits à Nantes, pour y donner un grand exemple. On y prit aussi quelques prêtres, notamment le ci-devant curé d'Avranche, & plusieurs grandes dames qui s'étoient traînées jusqu'à Savenay, mais qui n'avoient pu aller plus loin.

Notre armée après avoir passé un jour à Savenay, s'étant partagée en différentes petites colonnes pour faire une battue générale, depuis Blin, jusqu'à Paimbœuf; je crus que mes services vous seroient plus utiles à Nantes, où j'arrivai le 5 nivose, sur les quatre heures du soir.

J'y fus suivi le lendemain de mon arrivée par la division de Tilly, & ensuite par le reste de l'armée. Toutes les autorités constituées suivies d'un grand concours de peuple de l'un & de l'autre sexe, furent au-devant de cette brave armée avec des couronnes de laurier. Il y eut ce jour-là, dans la ville, grande illumination; les généraux Marſau, Cleber & Tilly, s'étant tous trois rendus à la ſociété populaire de cette ville, y furent couronnés, & reçurent du préſident, le baiſer fraternel; Weſtermann n'y reçut ni baiſer, ni couronne, il étoit peut-être alors à la pourſuite de quelques cavaliers de l'armée catholique qui, depuis la priſe de Savenay, avoient paru, dit-on, aux environs d'Ancenis.

Il s'éleva, dans cette ſociété, une eſpèce de diſpute entre le général Clèber, & le repréſentant du peuple Tureau; qui prétendoit qu'on devoit couronner les ſoldats & non les généraux. Le repréſentant avoit raiſon, s'il entendoit ſeulement parler de la cavalerie de Weſtermann & de la diviſion de Tilly, à qui l'on devoit principalement le ſuccès de cette guerre (1). Le brave régiment d'Armagnac, qui a été conſtamment à la tête de cette diviſion, vaut à lui ſeul une armée; c'eſt lui qui a fait la plus grande partie des frais du combat, ſoit au ſiège du Mans, ſoit à celui de Savenay [1]; auſſi eſt-ce celui qui a été le

(1) L'armée proprement dite de Mayence a rendu les plus grands services à la république dans la guerre de la Vendée. Mais on la désorganisa totalement par un mauvais amalgame. De là les déroutes de Laval, de Dol, d'Antrain, etc. Cette désorganisation étoit sans doute un des ouvrages de la faction Ronsin, Vincent, Momoro et des autres scélérats qui cherchoient à éterniser cette exécrable guerre.

(1) Le régiment d'Aunis, le bataillon de la Dordogne et le premier de Paris se sont aussi très-bien montrés dans ces deux affaires.

plus maltraité. Il n'eſt point d'éloge, il n'eſt point de récompenſe, qui ne ſoit au-deſſous de ce que méritent ces valeureux guerriers.

Mais, comme je l'ai déjà dit, ces éloges & ces récompenſes ne doivent point s'étendre indiſtinctement ſur tous les ſoldats qui ont ſervi dans la guerre de la Vendée. J'ai eu occaſion de remarquer, dans le cours de cette guerre que, ſur une armée de vingt mille hommes, il y en avoit tout au plus douze mille ſur leſquels on put compter, les autres étant occupés, ou à boire dans les cabarets, ou à marauder dans les fermes. Ces gens-là, qui prétendent ne pouvoir ſuivre l'armée, ont toujours plus de jambes que les autres, lorſqu'elle bat en retraite, & ſont preſque toujours cauſe de nos déroutes; ils ne voyent jamais le feu, &, cependant, ce ſont eux qui font le plus de butin, parce qu'ils employent, à piller, le temps que les autres mettent à ſe battre. Je crois donc qu'il ſeroit eſſentiel d'établir, à la ſuite de chaque armée, une commiſſion militaire, qui fît fuſiller ſur-le-champ, ſans miſéricorde, tout individu qui, ſans des raiſons valables, s'en trouveroit éloigné de plus d'une demi-lieue.

Pendant le peu de jours que je reſtai à Nantes, il s'y paſſa des choſes qui m'auroient paru incroyables, ſi je n'euſſe été témoin de celles qui s'étoient paſſées ſous mes yeux au Mans & à Savenay. On m'y dit, ſans que je cherchaſſe à le ſavoir, que le comité révolutionnaire ou tribunal militaire de Nantes, fatigués sans doute de faire fusiller ou guillotiner les brigands, avoient pris le parti de les noyer avec des bateaux qu'ils couloient à fond, par le moyen d'une trappe, lorsqu'ils y avoient enfermé ces malheureux. On en noya deux cens le jour de mon arrivée dans cette ville, on en avoit noyé la veille trois cens, & on devoit en noyer le lendemain douze cens. Les premiers qui furent noyés, étoient sans doute ceux qui, pendant mon séjour à Derval, s'étoient rendus à Nantes, avec armes & bagages; quant aux autres quatorze cens, c'étoient vraisemblablement ceux qui, dans l'espérance d'une amnistie, s'étoient rendus au général Moulin, & auxquels, à l'instigation du comité révolutionnaire d'Ingrande, ce général avoit accordé un passe-port conçu à peu-près en ces termes : *Laissez passer un tel, qui a servi dans l'armée catholique & royale, mais qui a rendu ses armes.* Ce passe-port n'étoit pas infiniment rassurant pour celui qui le portoit, puisque, en tout temps & en tout lieu, il pouvoit être repris; néanmoins les brigands s'en contentèrent; il s'en rendit le 29 frimaire, quatre cent quatre-vingt-douze, le 30 à-peu-près le même nombre; de manière que le 2 nivôse, il s'en étoit rendu douze cens. Mais comme le représentant du peuple Carrier désapprouva très-fort cette mesure, je pense que ce furent ces prisonniers que l'on noya le jour & le lendemain de mon arrivée. (1)

(1) Il paroît par le mémoire que la société populaire

Les repréſentans du peuple Carrier & Tureau étoient alors à Nantes, car je les y ai vus ; ils étoient donc inſtruits de toutes ces horreurs & auroient dû les empêcher. Le repréſentant du peuple Prieur de la Marne y étoit auſſi ; mais, comme il étoit alors malade & qu'il ne quittoit pas même ſon lit, il pouvoit les ignorer. Ainſi de ces trois repréſentans, un ſeul eſt préſumé innocent ; mais les deux autres ſont très-coupables, ſinon d'avoir ordonné de pareilles horreurs, du moins de les avoir tolérées. A l'atrocité de cette action, on joignoit encore la plaiſanterie ; car on appelloit cela *envoyer au château d'Eau*, par alluſion à château d'Eau, qui ſe trouve aux environs de Nantes.

Après la défaite entière de la grande armée des brigands à Savenay, j'attendois avec impatience le moment favorable de paſſer ſur la rive gauche de la Loire, pour attaquer l'armée de Charrette (1)

---

d'Angers a présenté, le 5 frimaire de cette année, à la convention nationale, que le général Moulin envoya aussi, à-peu-près dans le même tems, douze cents de ces malheureux à Angers, d'où, par les ordres de Francastel, ils ont été conduits et fusillés dans la prairie Ste.-Gemme, qui est entre Angers et le Pont-de-Cé. Ainsi donc, dans le même tems, on employoit à Nantes l'eau, et à Angers le feu pour faire périr ces gens là.

(1) Le général Vimeux, avec lequel j'eus enfin l'avantage de m'entretenir un moment à Nantes, deux

& celle de Laroche-Jacquelin, dont on auroit pu venir très-aisément à bout, si Marsau qui, depuis la Flèche, jusqu'après la prise de Savenay, avoit toujours été général en chef, eût pu alors diriger nos opérations militaires ; mais on aima mieux en confier la direction à un Tureau, qui n'étoit connu dans l'armée, que parce qu'il portoit le même nom qu'un représentant du peuple.

Quoi qu'il en soit, la division de Tilly paroissoit la plus propre pour cette expédition, & ce fut celle que l'on cherchoit en effet. Mais, comme suivant la hiérarchie militaire, le général de cette division ne pouvoit être subordonné au général de brigade Haxo, qu'on avoit chargé de l'attaque de Noirmoutier, on en donna le commandement à Carpentier, conjointement avec Rolland, commandant du régiment d'Armagnac, qui avoit été nommé depuis six mois général de brigade. Mais ce dernier, qui avoit constamment gardé son brevet dans sa poche, aima mieux commander le régiment

---

ou trois jours après la prise de Savenay, me fit entendre qu'il ne seroit peut-être pas aussi aisé de détruire l'armée de Charette, composée tout au plus de dix mille hommes, que la grande armée des brigands, qui, comme on sait, étoit de quatre-vingts à quatre-vingt-dix mille. J'ignore les raisons qu'avoit ce général de me tenir un pareil langage, tout ce que je sais, c'est que l'armée de Cherbourg, composée de trois à quatre mille hommes, auroit pu terminer cette fatale guerre, si on eût voulu le lui permettre, comme on le verra dans la suite de ce mémoire.

d'Armagnac, que d'avoir le commandement d'une armée.

Je partis donc de Nantes, avec Carpentier, le 8 nivôse, sur les trois heures du soir, pour le Port-St.-Père, gros bourg que Beisser avoit fait brûler dans les premiers troubles de la Vendée, & aux environs duquel nous fûmes obligés de bivaquer; nous n'y trouvâmes qu'un détachement de trois cens hommes du quatrième bataillon de Maine & Loire, trop foible sans doute pour résister à l'armée de Charrette, si elle se fût portée de ce côté-là.

J'eus occasion en partant de Nantes, d'observer combien le séjour des grandes villes étoit funeste même aux troupes les mieux disciplinées. Quoique la division de Tilly eût reçu ordre de se porter toute entière au Port-St.-Père, il ne s'en présenta guères que la moitié lorsqu'il fallut partir. Nous ne vîmes pas un seul gendarme de la trente-troisième division, tout le bataillon de l'Aube, qui s'étoit d'abord rassemblé au quartier de *la Fosse*, où on l'avoit logé, refusa net de marcher, à l'exception de son commandant & d'un caporal, ce qui engagea Carpentier à lui enlever son drapeau & à le placer au centre de la colonne. Je fus un de ceux qui l'aidèrent dans cette expédition; il est vrai que la plupart des soldats étoient sans souliers & sans habits; mais, puisque ceux qui nous avoient suivis n'étoient pas mieux pourvus, ils auroient dû être imités par leurs camarades.

Nous partîmes le lendemain du Port-St.-Père,

pour Machecoul, où nous trouvâmes un détachement d'un des bataillons de l'Isle & Vilaine, d'environ deux cens cinquante hommes qui, à notre arrivée, se rendit à la Guarnache, petit village à deux lieues de Machecoul.

Nous séjournâmes le 10 dans cette dernière ville, & nous en partîmes le 11 pour nous rendre à Challans, où nous ne trouvâmes aucune espèce de garnison. Nous quittâmes Machecoul, avec d'autant plus de regret, que cette ville est très-peu éloignée de la forêt de Princé qui, en ce moment, étoit le repaire de l'armée de Charrette; & que, se trouvant à-peu-près à égale distance de Beauvoir & de Nantes, elle établissoit une libre communication entre ces deux villes, sur une étendue d'environ quinze lieues. Nous nous flattions d'ailleurs, que le reste de notre division pourroit nous rejoindre plus aisément à Machecoul, qu'à Challans; mais il nous fallut obéir aux ordres que le général Haxo (1) nous avoit transmis par le général Dutrui. A notre départ, le détachement de l'Isle & Vilaine, qui avoit été s'établir à la Guarnache, vint reprendre son premier poste.

(1) Carpentier, dès son arrivée à Machecoul' avoit écrit au général Haxo, qu'il n'avoit a é lu qu'une partie de la division de Tilli, et l'avoit prié de le laisser séjourner deux ou trois jours dans cette ville, pour donner le tems au reste de la division de venir le joindre. Mais Haxo, ou plutôt Dutrui n'eut aucun égard à sa prière.

Malheureusement pour ce détachement, que Charette, voulant sans doute faire diversion à l'attaque de Noirmoutier, se jeta quelques heures après notre départ sur Machecoul, qui étoit alors sans défense, égorgea la moitié de cette petite garnison, & l'auroit toute égorgée, si le général Baupui, qui vouloit aller à Noirmoutier, ne se fût trouvé ce jour-là par hazard à Machecoul, & n'eût aidé de ses conseils le commandant du poste. Six mille rations de pain, plusieurs charrettes chargées de bled & de farine & une pièce de quatre, furent la proie du vainqueur.

Nous fûmes instruits de cette invasion le jour même à huit heures & demie du soir, par un cavalier Nantais, & six commissaires civils chargés de l'approvisionnement de Nantes, qui étant partis de Challans, pour Machecoul, avoient failli à tomber entre les mains de la cavalerie ennemie.

Si Carpentier eût été maître de ses mouvemens, il seroit parti sur le champ pour Machecoul, & auroit égorgé dans leur lit, les rebelles qui ne s'attendoient pas sans doute à recevoir sitôt notre visite; tel étoit aussi mon avis, car j'avois une grande confiance dans notre armée, quoiqu'elle ne fut que de dix-sept cens hommes, en y comprenant les officiers [1]. Mais surbordonné à Haxo,

---

(1) Elle étoit de dix-sept cents hommes, lorsque nous arrivâmes à Challans; mais elle fut réduite à

Carpentier fut obligé d'envoyer à ce général, ordonnance sur ordonnance, pour l'instruire de la prise de Machecoul, & de la nécessité de reprendre ce poste important.

Or, c'étoit le onze nivôse, que Machecoul étoit tombé au pouvoir des rebelles, & ce ne fut que le 13 du même mois, que nous obtînmes la permission de reprendre cette ville; encore même reçûme-snous ordre, en même temps de l'évacuer de suite, & d'y laisser un détachement de deux cens hommes. Remarquez bien cela.

Le temps qu'il fallut employer pour les distributions du pain & de la viande, retarda le départ de notre armée qui n'apperçut, que sur les trois heures du soir, celle de Charette, rangée en bataille entre Machecoul & la forêt de Princé, qui devoit sans doute lui servir de retraite. Cette armée, dont les rangs étoient très-serrés, contre l'ordinaire des brigands, me parut être d'environ cinq mille hommes.

Carpentier s'étant avancé à la tête de sa cavalerie, pour voir la position de l'ennemi, plaça sur la première hauteur, une pièce de quatre & un obusier, avec lesquels il commença à attaquer l'ennemi; il déploya ensuite sa première brigade parallèlement au front de bataille, & ordonna à la seconde brigade de s'emparer de Machecoul.

---

quinze cents, parce qu'on nous obligea d'envoyer deux cents hommes dans un petit village nommé Saulans.

BIBLIOTHÈQUE ... I

de cette manière, l'armée de Carpentier formoit une espèce d'équerre, avec laquelle elle auroit pu attaquer l'ennemi de front & en flanc, s'il eût conservé cette position : mais incommodé par notre canon & notre obusier, & effrayé de l'audace de nos troupes qui franchissoient les haies, les fossés & les marres d'eau, avec une intrépidité dont on n'a point d'exemple ; il battit en retraite après avoir fait sur nous un feu de file très-bien nourri, mais qui ne dura que deux ou trois minutes. Nous le poursuivîmes pendant une heure & demie, c'est-à-dire jusqu'à la nuit. Le régiment d'Armagnac étoit tellement acharné à la poursuite des fuyards, qu'il fallut battre le rappel pour le faire revenir. L'ennemi laissa une centaine de morts sur le champ de bataille ; pour nous, nous n'en perdîmes que quatre, mais ils étoient malheureusement du brave régiment d'Armagnac.

Le représentant du peuple Laignelot, qui, en revenant des Sables, nous avoit trouvé à Challans, & auquel nous avions fait part du projet de notre expédition, avoit voulu être de la partie. Il marcha toujours à la tête de la colonne, & étoit à côté des pièces, lorsque la bataille se donna ; son exemple ne contribua pas peu à encourager nos braves soldats qui ne demandoient qu'un pareil témoin de leur bravoure. Personne n'est plus à même que lui de juger de la fidelité de mon rapport.

Après cette expédition, on fit bivaquer l'armée tout au tour de Machecoul, & l'on étendit les feux le plus qu'il fut possible, afin de faire croire aux brigands que notre armée étoit beaucoup plus nombreuse qu'elle ne l'étoit en effet. On plaça les canons sur toutes les hauteurs par où l'on pouvoit découvrir l'ennemi, & on fit soutenir ces pièces par des détachemens pris dans nos meilleures troupes.

Ce fut très-sage de notre part, car comme s'il se fut (1) entendu avec Haxo ou Dutrui, Charette se présenta le lendemain devant Machecoul, précisément à la même heure que le onze nivose, c'est-à-dire, trois ou quatre heures après que nous aurions dû évacuer cette place, si nous eussions suivi ponctuellement les ordres que nous avions reçus (2).

Je ne faisois que de sortir du quartier-général, d'où je venois de vous écrire l'affaire de la veille, lorsque j'entendis crier tout-à-coup *aux armes! aux armes!* en même tems un coup de canon, suivi d'une fusillade, nous annonça que les ennemis étoient déja sur nos pièces.

Je monte aussi-tôt à cheval avec le général Car-

( ) Carpentier avoit dépêché, le treize nivose, à Haxo ou à Dutrui, une ordonnance, pour leur faire part de notre victoire, et les engager à nous laisser défendre ce *poste important*, qui pouvoit être attaqué de nouveau, si nous venions à l'abandonner.

(2) Le général Dutrui, dans la lettre qu'il écrivit à Carpentier, avoit mis ces mots remarquables : *le poste prétendu important de Machecoul.*

pentier; on bat la générale, & en un instant, toutes nos troupes sont sous les armes. Les bataillons (1) qui étoient à la tête de notre colonne, n'eûrent point de peine à renverser les brigands qui se présentèrent devant eux, lorsqu'on vint nous dire que ce n'étoit qu'une fausse attaque, & que les ennemis cherchoient à tourner la ville pour nous attaquer par le côté opposé. Carpentier fit donc faire un demi-tour à droite à la moitié de son armée, pour déconcerter leurs projets.

Ce mouvement rétrogade fit croire à quelques lâches qui se traînent toujours à la queue de nos armées, que nous battions en retraite. Ils jettèrent aussi-tôt leurs armes pour courir plus vîte, & peut-être que leur exemple auroit été suivi d'un plus grand nombre, si le commandant d'un des bataillons de la Haute-Saône, nommé Gui, & moi, ne nous étions transportés rapidement à la tête de ces misérables fuyards, & ne leur eussions appris la véritable cause de ce mouvement rétrograde.

La seconde brigade défila donc en colonne serrée, du côté où l'ennemi paroissoit vouloir se porter, & s'y rangea en bataille. Mais il avoit été si bien frotté par la première brigade, qu'il n'osa se mesurer avec la seconde. Il prit donc honteusement la fuite, après avoir laissé, comme la veille, une centaine de morts sur le champ de bataille; il en auroit laissé un plus grand nombre, si la nuit

---

(1) Notamment le dix-septième de la Haute-Saône.

nous eût permis de le poursuivre plus long-tems. Ce jour là fût remarquable, & par la défaite de l'armée de Charrette, & par la prise de Noirmoutier, dont on s'étoit rendu maître le matin, presque sans coup férir.

La crainte cependant d'être attaqué pendant la nuit, engagea Carpentier à faire bivaquer toute l'armée, qu'il disposa de manière à couvrir toute la ville. Il écrivit en même-temps au général Jacob, qui étoit arrivé ce jour là au Port-Saint-Père, avec environ deux mille cinq cents hommes de l'armée du nord (1), de venir à Machecoul, afin de l'aider à exterminer les brigands, qu'il sembloit qu'on voulut éterniser dans ce pays (2).

Le général Jacob vint effectivement le lendemain avec toutes ses troupes à Machecoul, mais après avoir séjourné une heure environ dans cette ville, il en partit pour se rendre à Challans, de

---

(1) Cette armée du Nord nous avoit été annoncée dès le Mans, et nous comptions la trouver à Laval ; mais nous ne fûmes assurés de son existence qu'à Machecoul.

(2) Presque toutes nos cartouches ayant été épuisées dans ces deux affaires, nous avions chargé Rolland, capitaine des grenadiers d'Armagnac, d'en faire venir quelques caissons de Nantes Mais le commandant de cette place mit tous les obstacles possibles à cet envoi, en ne permettant à Rolland de sortir de la ville qu'à midi, lorsqu'il auroit pu en sortir à quatre heures du matin.

ſorte que nous fûmes tout auſſi avancés qu'auparavant.

Comme nous avions appris qu'il devoit ſe rendre auſſi à Challans une autre armée de deux mille quatre cents hommes, ſous les ordres de l'adjudant-général Dufour, nous nous attendions à quelque grand mouvement contre l'armée de Charrette; mais le jour même que nous comptions que ce mouvement auroit lieu, nous reçûmes ordre du général Dutrui, de laiſſer cinq cents hommes à Machecoul avec trois canons, & de nous porter avec le reſte de notre armée à Léger, ſur deux colonnes, qui devoient paſſer l'une par Touvoi, & l'autre pat Saint-Chriſtophe.

Or, vous ſaurez que nous n'avions que trois canons & un obuſier, & vous devez vous rappeler que notre petite armée n'étoit compoſée que de quinze cents hommes. On nous ordonnoit donc de laiſſer toute notre artillerie à Machecoul, & de marcher ſur deux colonnes, chacune de cinq cents hommes, dans des lieux infectés par les brigands, & où nous pouvions aiſément être cernés & battus.

Comme ce mouvement ne devoit s'effectuer que dans la journée, & qu'on nous avoit annoncé pour ce jour là même l'arrivée d'Haxo; Carpentier crut devoir attendre ce général, pour lui faire connoître la poſition de notre armée, & expédia néanmoins une ordonnance à Dutrui, pour l'inſtruire de la néceſſité où il ſe trouvoit de ſuſpendre, du-moins pour quelques heures, ſon départ pour Léger.

Mais au lieu d'Haxo, qui déjà avoit fait retenir le logement de Carpentier pour ſon quartier-général, nous ne vîmes arriver qu'Aubertin, adjudant-général de Dutrui, avec environ neuf cents hommes.

Il nous fallut donc compoſer avec ce nouveau venu, quoique d'après les inſtructions de Marceau (1), Carpentier n'eût d'ordres à recevoir que d'Haxo. Nous laiſſâmes à Aubertin deux pièces de canon & cinq cents hommes, & nous partîmes le lendemain avec le reſte de notre armée, ſur une ſeule colonne, pour Léger, où nous trouvâmes l'adjudant-général Charleri, avec environ mille hommes.

Là, nous reçûmes ordre de nous rendre de ſuite à Palluau, d'où nous partîmes le lendemain matin pour Saint-Chriſtophe, après avoir brûlé ce dernier village (2), on nous fit revenir à Léger, c'eſt-à-dire, au même point d'où nous étions partis.

Ces ſortes de promenades, qui reſſembloient beaucoup aux campagnes de Criſpin, n'étoient pas trop du goût d'un homme qui vouloit ſincèrement la fin de cette guerre, & qui voyoit avec une pro-

---

(1) Marceau, à notre départ de Nantes, étoit général en chef de l'armée de l'Ouest. Il fut bientôt remplacé dans ce grade par le général Thureau.

(2) Carpentier n'étoit point avec nous, lorsque ce village fut brûlé; il étoit alors à Nantes où il avoit été mandé par le général Thureau, pour n'avoir pas obéi ponctuellement aux derniers ordres de Dutrui.

fonde douleur, échapper la plus belle occaſion qui ſe fut préſentée juſqu'à ce jour d'exterminer l'armée de Charrette, à demi vaincue par les deux échecs ſucceſſifs qu'elle avoit éprouvée à Machecoul.

Pourquoi, en effet, ne pas profiter du paſſage de la brigade de Jacob dans cette dernière ville, pour achever de détruire une armée qui étoit tout auprès de nous, & que nous avions deux fois vaincue avec nos ſeules forces? Pourquoi, lorſque la brigade de ce même Jacob fut réunie à celle de l'adjudant-général Dufour, à Challans, ne tenta-t-on pas quelque action déciſive? Pourquoi, ſi l'on croyoit néceſſaire de laiſſer quinze cents hommes à Machecoul, n'y laiſſoit-on pas ceux qui y étoient déjà, & qui étoient accoutumés à vaincre, au lieu de les faire remplacer par de nouveaux venus, qui n'avoient peut-être pas encore vu l'ennemi. Pourquoi, enfin, ſi l'on jugeoit à propos de brûler le village de Saint-Chriſtophe, ne le faiſoit-on pas brûler par l'armée de Charleri, qui alors étoit à Léger, au lieu de nous faire aller de Machecoul à Léger, de Léger à Palluau, de Palluau à Saint-Chriſtophe, & de Saint-Chriſtophe à Léger? N'étoit-on pas tenté de voir dans tous ces mouvemens ridicules, dans toutes ces courſes inutiles, un deſſein formel de prolonger cette malheureuſe guerre, ou de dégoûter du moins une armée à laquelle nous devions la deſtruction entière des brigands ſur la rive droite de la Loire, & qui certainement auroit achevé de les anéantir ſur la rive gauche.

Je pris donc congé des généraux qui étoient à Léger, & j'en partis le vingt-deux nivose, pour me rendre par Nantes à Angers, où j'arrivai trois jours après, désespéré de ne pouvoir annoncer à mes concitoyens, la destruction entière des brigands de la Vendée, qu'il nous eût été si aisé d'effectuer.

Je ne fus pas médiocrement surpris à mon départ de Nantes, de trouver sur la rive droite de la Loire, une grande partie de l'armée du nord, qui se rendoit dans la Vendée par Saumur ou par le Pont-de-Cé ; je le fus bien plus encore, lorsque le sur-lendemain de mon arrivée à Angers, je vis entrer dans cette ville, une partie de l'armée de Mayence sous les ordres de Carpentier, qui, à mon départ de Léger, commandoit, comme je l'ai déjà dit, celle des côtes de Cherbourg. Toutes ces marches & contre-marches qui donnoient à l'armée de Charrette & à celle de Laroche-Jacquelin, le temps de se fortifier & même de se réunir ; enfin la disparition ou le renvoi de cette brave armée (1) des côtes de Cherbourg, à laquelle nous devions principalement le succès de nos armes ; tout devoit achever de me persuader qu'on ne vouloit point terminer la guerre de la Vendée.

J'avois trop à me louer en mon particulier, pendant ma dernière campagne, du général Carpentier, pour n'être pas charmé de passer avec lui le peu de

---

(1) Je n'ai appris, que long-tems après, qu'elle avoit été renvoyée dans le Calvados.

temps qu'il resteroit à Angers. Je ne tardai point à m'appercevoir qu'il n'étoit pas trop bien ni avec son adjoint ni avec son adjudant-général ; comme je les connoissois tous deux pour de braves gens, je leur en témoignai ma surprise. Ils me dirent que le jour de mon départ de Léger, Carpentier, après avoir partagé son armée en trois ou quatre colonnes, avoit fait enlever de leurs maisons & de derrière leurs charrues, environ deux cents Vendéens qu'il avoit fait fusiller, & sur ce qu'un riche particulier de Machecoul, qui avoit conduit une des colonnes, lui en témoigna son indignation, il l'avoit fait fusiller lui-même.

Un pareil trait d'inhumanité & même d'impolitique, étoit fait pour me révolter, & je me proposai bien d'en parler à Carpentier, lorsque j'en trouverois l'occasion, sans compromettre ceux qui m'en avoit fait la confidence. Cette occasion s'étant enfin présentée, Carpentier ne put disconvenir que cette fusillade avoit eu lieu, mais qu'il ne l'avoit commandée qu'en vertu des ordres qu'il avoit reçus de l'abominable Tureau, alors général en chef de l'armée de l'Ouest, qui en avoit donné de semblables (1) aux généraux Huchet,

(1) Outre plusieurs lettres de Thureau, qui lui ordonnoit de tout tuer et de tout incendier dans la Vendée, Carpentier m'a fait voir l'ordre général donné à tous les généraux de la Vendée. C'est vraiment une pièce curieuse, et la plus capable d'éclairer les juges dans la décision de ce fameux procès.

Grignon

Grignon (1), Cordelier, en un mot, à tous les généraux de cette armée du Nord, qui se faisoit appeler avec raison, *l'armée infernale.*

Tels sont, républicains, les événemens qui se sont passés sur les deux rives de la Loire, depuis le jour que je sortis d'Angers avec mon malheureux collègue, jusqu'à mon retour dans cette ville, c'est-à-dire, depuis le 28 vendémiaire de l'an second de la République, jusqu'à la fin de nivose de la même année. Je n'ai pas cherché à composer un roman; les lettres que je vous écrivois chaque jour & que vous avez entre les mains, sont autant de pièces justificatives sur l'authenticité desquelles on ne peut élever aucun doute. C'est à vous maintenant à voir si les revers que nous avons éprouvés dans cette guerre désastreuse, sont dus à la trahison ou à l'ineptie de nos généraux; pour moi je pense que c'est à l'une & à l'autre de ces deux causes (1).

BENABEN.

(1) Ces deux généraux, ainsi que Thureau, sont actuellement en état d'arrestation.

(2) A ces deux causes on pourroit en ajouter une troisème; c'est la grande influence qu'avoient dans les conseils de guerre certains représentans du peuple envoyés près de ces armées.

FIN.

BIBLIOTHEQUE ROYALE
B R
I

www.ingramcontent.com/pod-product-compliance
Ingram Content Group UK Ltd.
Pitfield, Milton Keynes, MK11 3LW, UK
UKHW022110190726
13855UKWH00002B/764